Chili Verlag

MARIE-PASCALE GRÄBENER, COLLAGE ALMA 2

(Hrsg.) Franziska Röchter

Sisypussy

Satirische Geschichten über Männer, Frauen und andere Desaster

von

Gesine Skoerat

Chiliverlag

Bislang im chiliverlag erschienen:
Der Fisch ist Käse – Veggie? Voll logisch! (2012), nominiert vom VEBU zum Veggie-Sachbuch 2013
Pfeffrige Sünde – Habanero Red, Erotische Lyrik (2012)
Halt! Dich! fest! Im Labyrinth der Blindfische, Satire, Storys und Gedichte von 34 Autoren (2013)
Loser, Streber, Hirnis, Nerds – Vom Mobben, Lernen, sich Bilden (2013)
poesía del paraíso infernal – poemas y fotografías de la república dominicana (2013)
bis ans ende der zeiten, amen / sie ist ne domina (2013)
So (ne) Nette - Lyrische Poesie der Gegenwart im Sonett-Gewand (2013)

Für Ingrid

Alle in den Geschichten, Satiren vorkommenden Personen sind NATÜRLICH frei erfunden ... (wer sich wiedererkennen WILL, ist selbst schuld)

1. Auflage Dezember 2013

franchili / 8

Detaillierte bibliographische Daten sind unter http://dnb.ddb.de bei der Deutschen Nationalbibliographie abrufbar.

Lektorat, Gestaltung, Layout: Franziska Röchter
Cover- und Innenillustrationen: Marie-Pascale Gräbener, Bielefeld, www.pascale-graebener.de

Printed in Germany
ISBN 978-3-943292-08-4

www.chiliverlag.de

Inhalt

Die Autorin

widmet dieses Buch
Ingrid
bedankt sich bei
Franziska
und Marie-Pascale
beschuldigt
unzählige weitere Menschen
sie zum Schreiben
genötigt zu haben.

im November 2013

Männer – und andere Desaster

Marie-Pascale Gräbener, aus der Serie:
Poseidons Rache an Pasiphaë

Zwanzig Quadratmeter Freiheit

Nach erfolgreichem Abschluss meiner Pubertät in einer Stadt völliger Ereignislosigkeit hatte ich richtig Lust auf ein kleines Abenteuer überschaubaren Ausmaßes. Der süße Duft der Freiheit und Anarchie wehte durch mein neuerstandenes Refugium: Ich hatte mich von meinem Freund getrennt. Doch jetzt, wo ich so richtig in Ruhe fremdgehen könnte, interessierte sich kein Schwein mehr für mich. Komisch - als ich noch mit meinem Freund zusammen war, hatten mich paarungswillige Kleinstädter umschwärmt wie Motten das Licht. Seitdem ich Vollzeit-Single war: Nichts! Wozu hatte man sich denn getrennt und sein eigenes Appartement? Dafür, dass es tagsüber leer stand, während ich arbeitet und abends, wenn ich in der VHS saß und für mein Abi paukte?

Meine Verwandlung von der „Freundin von ..." zum Ichling hatte zur Folge, dass ich brutal vereinsamte, je mehr sich mein Allgemeinwissen vergrößerte: Beispielsweise, dass Fidel Castro kein spanischer Geigenkasten war und Atatürk kein osmanisches Scheuerpulver. Dieses Wissen hatte ich zu offensiv an den Mann bringen wollen. Der wollte keine Frau an seiner Seite, die klugscheißerte, sondern lieber eine, die rattenscharf war.

Meine sozialen Kontakte konnte ich an einer Hand abzählen – mein Liebesleben bezeichnete ich bei Nachfrage als „ausgefallen" – weil es meistens ausfiel ...

An der Abendschule kämpfte jeder für sich. Meistens gegen die bleierne, alles überlagernden Müdigkeit, wenn die Worthülsen der Dozenten durch den ungelüfteten, vermieften Klassenraum waberten, bevor einem der Kopf auf das Buch sackte und man komatös in Sekundenschlaf verfiel und selig auf die Tischkante sabberte.

Das Perfide war: Hatte man sich von 18 Uhr bis 22.30 Uhr krampfhaft wach gehalten und war anschließend todmüde nach Hause geschlurft, war man garantiert von dem Moment an, wo man zuhause die Füße auf den Tisch legte, fit wie ein Turnschuh.

Ich habe um vierundzwanzig Uhr noch dreigängige Menüs gekocht, meine gesamte Verwandtschaft mit Wollsocken bestrickt und mir alle Folgen der Golden Girls reingezogen. So durfte es nicht weitergehen!

Es musste etwas Erotisierendes her: Ein Liebhaber. Aber ohne anstrengende Verpflichtungen oder an den Nerven zerrenden Konfliktgesprächen: Ein One-Night-Stand!

Ich hatte zwar noch nie einen – aber es konnte so schwer nicht sein. Ich wollte auch mal das haben, was ich später meine „wilde Zeit" nennen würde.

Eines Abends war ich dann katzenbergermäßig drauf: Ich wollte unbedingt einen Kerl – natürlich ohne nennenswerte Aktivitäten meinerseits. Ich wollte mir einen Daniela-like mit meinen Smoky Eyes zum Liebesdienst herbeiwinken.

Der Abend war schon fortgeschritten – und ich dank einem Fläschchen Prosecco genügend enthusiasmiert. Ich kriegte es gerade noch hin, mir zwei Schichten Make-Up aufzuspachteln und ein wenig Moschus in die Kniekehlen zu tupfen.

Gott sei Dank wohnte ich direkt über einer Disco, so musste ich nur ein paar Treppen auf meinen Fick-mich-Schläppchen hinabstöckeln und schon hatte ich mein Revier erreicht, das ich nach einem kapitalen Bock durchstreifen konnte.

Man sagt, man solle nie in den Supermarkt gehen, wenn man hungrig ist – dasselbe scheint auch für Discotheken zuzutreffen, wenn man sich vorgenommen hat, einen Kerl abzuschleppen. Ich war quasi One-Night-Stand-Autodidakt und hatte nicht endlos Zeit. Wenn man Vorspiel und die Zigarette „danach“ einrechnete, nur noch ein Stündchen ...

Ich nahm erstmal die Kandidaten in Augenschein, die allein unterwegs waren und sortierte alle aus, die ich kannte. Einheimische und Bekannte kamen nicht in Frage – ich wollte nicht als berühmt-berüchtigtes Disco-Luder in die Annalen der Stadt eingehen.

Hatte ich einen „Auswärtigen“ entdeckt, pirschte ich mich bis auf unmittelbaren Blickkontakt heran – sagen wir, bis auf zwanzig Zentimeter – und begann damit, ihn lasziv anzulächeln.

Der Erste, bei dem ich es mit dieser radikalen Akzeptanz versucht habe, flüchtete umgehend aufs Männerklo und kam nicht mehr zurück. Ich bestellte mir beim Barkeeper noch einen Lockermacher und versuchte es keck auf größere Distanz: Nimm! Mich!

Mein präkoitales Lechzen schien die Herren nervös zu machen. Einer sah mich an, als hätte ich sie nicht alle.

Verdammt noch mal – es geht die Mär um, dass es tolle Typen gibt, die es jederzeit und an jedem Ort mit einem treiben wollen: quick and dirty, wie die Angelsachsen sagen – und nun so eine Pleite!

War ich zu forsch, zu eindeutig? Ich versuchte es unterwürfiger: Du kannst mit mir machen, was du willst – außer Linksliegenlassen!

Und siehe da: Der Erste biss an. Aus Zeitmangel beschloss ich, dass der heute auch der Beste war und zog ihn kurz darauf zum Vorspiel auf die Tanzfläche. Es wurde Klammerblues gespielt, da konnte man ihm gleich näherkommen, ohne ihn vorher noch lange energieverschleudernd umzappeln zu müssen.

Nach einigen Tänzen mit Körperkontakt beschloss ich, dass wir ausreichend Zeit im Strudel gesellschaftlicher Zerstreuung verbracht hatten und ließ meine Hüften eindeutiger kreisen, und bald sah es so aus, als hätte er gerade ein Erweckungserlebnis ...

„Wollen wir noch einen Kaffee bei mir trinken?", raunte ich ihm ins Ohr.

Er sah mich an wie einer, der Geschenke nicht gewöhnt ist. Dann nickte er stumm.

Konnte er nicht sprechen? Hatte ich den einzigen Stummen in diesem Laden angebaggert?

Um sicher zu gehen fragte ich: "Oder lieber Tee...?"

„Hä?"

Schien ein aufgewecktes Kerlchen zu sein.

„Ob du lieber Tee möchtest ...?"

„Is` mir egal."

Na gut. Zumindest war er nicht übermäßig anspruchsvoll.

„Ich wohne gleich hier im Haus"

„Hä?"

„Na, ich wohne über dem Laden hier – im dritten Stock!"

„Echt?"

„Jawolli, äh ... wie heißt du jetzt noch mal?"

„Harald!"

Okay. Hätte schlimmer kommen können. Horst zum Beispiel. Oder Thorben.

Ich wusste, dass er Harald hieß und dass er Dreiwortsätze sprechen konnte. Für das, was ich mit ihm vorhatte, hätte er auch stumm sein können. Er hatte einen muskulös-knuffigen Körperbau: Passt schon!

Irgendwann nahm ich ihn bei der Hand und zog den Jungen hinter mir her, um mit ihm raue Nächte in Popp-City zu feiern.

In meinem Appartement angekommen, ging es vielversprechend weiter: Während ich Kaffee kochte – nur so zum Schein, damit er und ich nicht annahmen, ich wollte von ihm nur mal ordentlich gevögelt werden. Weil mein Appartement so klein war, musste er sich auf die Bettkante setzen – der einzige Stuhl war umgehend von mir belagert. Ich dimmte das Licht herunter und stellte im Radio die „Musik zum Träumen" ein.

So. Das war MEIN Vorspiel, dachte ich und leckte lasziv die Lippen.

Er schlürfte unengagiert seinen Kaffee. Komm, Junge, dachte ich und versuchte, ihm mental auf die Sprünge zu helfen. Denk an Obama: „Yes, fickän!"

Nach einer Weile fragte er, ob er mal auf meine Toilette …

Klar! Entgegnete ich mit als Gutmütigkeit getarnter Restgeilheit.

Während er im Bad war, sah ich auf die Uhr. Ich gab ihm noch zwanzig Minuten – wenn er bis dahin nicht … Ich hörte ihn im Bad lachen. An meinem Klodeckel hängt innen ein Zettel: KEIN TRINKWASSER!

Als er aus dem Bad kam, wirkte er schon lockerer und fing sogleich an, mir übergangslos am Hals herumzusaugen. Er ging stürmisch zu Werke – um nicht zu sagen, ruppig. Erst stöhnte er mir heiß ins Ohr, um dann unvermittelt seine Zunge in meine Ohrmuschel schnellen zu lassen wie ein notgeiler Rottweiler. Ich zuckte erschreckt zurück. Ich vertrage kein Wasser in den Ohren. Beim Schwimmen nicht und nicht beim Sex!

Ich versuchte, ihn mit Küssen abzulenken.

Ich meine, ich KANN küssen – er VERSUCHTE es. Es begann ein Kampf um die Vorherrschaft im gegnerischen Mundraum. Ich verteidigte mich, so gut ich konnte – weil ich nicht von ihm erstickt werden wollte.

Mit seiner Zunge gierte er nach meinen Rachenmandeln –

obwohl ich seit meinem achten Lebensjahr keine mehr habe – und das in Intervall-Stößen, die mir die Luft zum Atmen nahmen. Hatte ich es mit einem Perversen zu tun, der seine Opfer auf diese Art zu Tode brachte? Mir wurde angst und bange – er hatte meinen Kopf so nach hinten gebogen, dass er über mir hing wie ein Sack. Wie ein nasser, schwerer Sack.

Ich schaffte es, meinen Kopf gegen seinen Widerstand in die Horizontale zu stemmen und fuhr mir durchs zerzauste Haupthaar, schnaufend wie ein Sumo-Ringer.

Er schien dies als Leidenschaft zu interpretieren und zog mich zum Bett hinüber, wobei eine Kaffeetasse polternd zu Boden ging. Gott sei Dank war sie leer. Mehr Sorgen über meinen Flokati konnte ich mir nicht machen – ich war mit anderen Dingen beschäftigt. Er begann sein Hemd aufzuknöpfen und in den Nahkampf überzugehen. Oha. Das ging mir alles zu abrupt ... da nestelte er schon fahrig unter meinem Oberteil an meinem BH-Verschluss herum. Das sah jetzt nicht aus, als könnte ich mir` s noch mal anders überlegen. Oder ihn totlabern. Ich hätte auch keine Ahnung gehabt, womit man seinen One-Night-Stand mürbe reden könnte. Hätte ich sagen sollen: Lass man, du bist mir zu untalentiert fürs Schnackseln?

Ich ließ ihn also einfach weitermachen – weil ich so blöd gewesen war, ihn damit anfangen zu lassen. Es sah so aus, als hätte ich eh schon verloren: Er war dabei, mich zu übermannen.

Das gefiel mir nicht.

Es weckte meinen Trotz.

Ihm schien das zu gefallen.

Als er mich nach einer Weile aussichtslosen Ringkampfes mit seinem Gewicht unter sich begrub, versuchte ich noch die eine oder andere schlappe Abwehr, dann ließ ich den Dingen ihren Lauf – würde nicht lange dauern, angeheizt, wie der war!

Als er seine Hosen abstreifte, dachte ich noch matt: Der gehört gesteinigt, der „Schiesser Feinripp“ erfunden hat ...! Und im nächsten Augenblick war er schon dort, wo er zwischen meinen Beinen das Paradies vermutete.

Nachdem er eine Weile stumpf auf mir herumkarnickelt hatte, wurde es mir langweilig. Ich tippte ihm auf die Schulter und wollte ihn fragen, ob er was dagegen hätte, wenn ich mitmachte. Er merkte es noch nicht einmal. Gelangweilt zählte ich die Mitesser in seinem Gesicht und dann die Fliegen an der Decke.

Es war unterwältigend.

Der Fehler apokalyptischen Ausmaßes nahm ein jähes Ende. Bei diesem Beischlaf wäre ich liebend gerne nicht dabei gewesen. Tiefe Tragik und noch tiefere Albernheit liegen oft sehr nah beieinander: Scrotum, der letzte Tempelritter, hatte Freifrau Abigeil mit seiner Lanze ins Nirwana gerammelt. Ich musste kichern.

Und im Radio sagte der Moderator: „Kommen Sie gut durch diese Nacht ...!“

Kleine Verhältnisse

Prolog

Nachdem mein Traum von einer Karriere als Kinderkrankenschwester zerplatzt war, weil ich im Bewerbungsgespräch auf die Frage: "... und wo sehen Sie sich in fünf Jahren?" geantwortet hatte: "Mit dem Oberarzt vorm Traualtar!", begann für mich der „Ernst des Lebens" mit meiner Lehrzeit als Zahnarzthelferin.

Weil meine Mutter und ihre beste Freundin der Meinung waren: "Das ist saubere Arbeit – da hast du auch einen weißen Kittel an!", redeten sie stundenlang auf mich ein wie auf einen lahmen Gaul, bis sie mir endlich ein bockiges "Passt schon ...!" abgerungen hatten.

Am liebsten würde ich die beiden, die heute in einem Seniorenstift sitzen und sich angeblich an nichts mehr erinnern können, dafür haftbar machen, dass ich ihretwegen drei Jahre meines jungen Lebens hauptsächlich damit verbracht habe, "Der nächste bitte!" in ein Wartezimmer zu blöken.

Als Kind war es mir schon lästig genug gewesen, die Tochter meiner Mutter zu sein. Durch meine Oma und ihren Clan war ich mit der halben Kleinstadt verwandt und verschwägert und in der Pubertät wurde mir dieser Umstand äußerst unangenehm: was immer ich auch ausprobierte, irgendjemand hatte mich garantiert dabei beobachtet. Ob erste Kippe oder erster Kuss – meine Mutter hatte es immer durch nette Nachbarn oder Verwandte erfahren ...

Mein Chef und seine Frau fügten dem vielfältigen Anforderungsprofil noch beherzt ihren privaten Ehrenkodex hinzu: in der Praxis hatte ich anständig aufzulaufen, nämlich harmlos wie ein Federbett und mit der Erotik eines Stubenbesens; im vorgeschriebenen, knielangen Rock unter dem weißen OP-Kittel – ohne Schminke, Nagellack oder farbige Strumpfhosen – so dass ich in Outfit und Verhalten einer jungen Novizin glich.

Und das in der buntesten Flower-Power-Zeit, die es je für junge Leute gegeben hatte!

Gut, ich gebe zu, dass der letzte Schrei, Strumpfhosen in knatschorange und apfelgrün, nicht unbedingt das passende Outfit waren, in dem man einer Hohlkehlpräparation beiwohnte ...

Den Patienten – vor allem den Männlichen – hätte es aber sicher nicht geschadet, wenn ich im Minirock die Extraktionszange angereicht hätte.

Ich sehnte mich nach Miniröcken, Jeans und Freiräumen. Die „wilden 70er" durften und konnten für mich höchstens nach Feierabend und in besonderen Nischen – fern von Zuhause und der Praxis – stattfinden.

Mein Abenteuerspielplatz für rebellierende Teenager lag in den Randgebieten bürgerlicher Gesellschaft: den Wohngemeinschaften langhaariger Studenten und anderer realitätsferner „Gammler". Bei meinen Ausflügen ins soziale Abseits trug ich mein Rebellen-Outfit – damit man mich nicht gleich als das überangepasste Mädchen erkannte, das ich war.

Meine Klamotten besorgte ich mir in einem kleinen Army-Laden. In diesem Gemischtwarenladen für Biker, Rocker, Army-Fetischisten und Langhaarige, die von manchen Einbeckern gerne als Schwule oder Rauschgiftsüchtige diffamiert wurden, herrschte immer drangvolle Enge. Brave Mädels wie ich gingen dort nur mit „Zuhalter(innen)n" hin, die nichts anderes taten, als am Vorhang der einzigen Umkleidekabine Wache zu schieben – damit bloß niemand das blitzen sah, was in den 70ern noch „Schlüpper" hieß – und dementsprechend kleinmädchengeblümt daherkam.

In der schummerigen Kabine probierte ich meine ersten Levis-Jeans und Cordhosen an, die ich mit karierten Herrenhemden und Boots kombinierte, die „Mann" trug auf der Route 66 ... „Easy Rider", diesen großen Traum von Freiheit, hatten wir atemlos im DELI-Kino verfolgt. Nach Kinoschluss war es dann ziemlich deprimierend, uns auf die knatternden, stinkenden Mofas unserer Freunde zu schwingen, die uns drei Straßen weiter nach Hause fuhren. Damals befragt, hätte ich sicher ganz klar geantwortet: „Irgendwie bin ich mit der Gesamtsituation unzufrieden ...!"

I. Saturday Night Fever

Das sogenannte „Nachtleben" hatte für mich mit dem Konfirmandenschwof im Keller des evangelischen Gemeindehauses begonnen. Mit sechzehn bekam ich dann die Erlaubnis, in die Disco im städtischen Jugendzentrum zu gehen. Später erweiterte ich meine Freizeitaktivitäten ins berühmtberüchtigte Schützenhaus am Kirschenberg.

Für mich war das auf den ersten Blick keine bessere Alternative, denn es lag gerade mal fünf Minuten von Zuhause entfernt. Aber außer den von mir befürchteten mütterlichen Spionagetätigkeiten war auch die Möglichkeit gegeben, eine Stunde länger tanzen zu können, weil der nächtliche Nachhauseweg quer durch die schlafende Stadt wegfiel. Ich hatte diese Zitterpartien gehasst, ängstlich den Hausschlüssel in der Faust und mit klopfendem Herzen auf Männerschritte lauschend, die mir möglicherweise folgten.

Das Schützenhaus war mir schon seit Kindertagen bekannt. In meiner Kindheit hatten sich dort sonntags die Alteingesessenen zum Stammtisch getroffen und unter der Woche Junggesellen, Fußballer und Schützen zum Herumballern und Saufen. Als kleines Mädchen durfte ich mir dort manchmal ein Eis holen. Meist musste ich allein hingehen. Das bedeutete, für die Verheißung auf ein außergewöhnliches Vergnügen zuvor das Unbehagen überwinden zu müssen, durch die schwere Eichentür einen dunklen Flur zu betreten. Von da aus kam man in den von zahlreichen Männern bevölkerten Schankraum, der immer nach verschüttetem Bier, Zigarrenqualm und vollgestopften Aschenbechern stank. Ich mochte es nicht, wenn mich die Männer anstarrten – doch vermutlich guckten die nur so, weil sie so besoffen waren, dass sie darüber nachdachten, ob ich ihr Kind sein könnte, das sie zum Sonntagsbraten nach Hause nötigen sollte.

Einige Jahre später, Anfang der 60er, hatte im Schützenhaus regelmäßig samstagabends „Tanz für die Jugend" stattgefunden. Im alten Festsaal standen nun keine Blaskapellen mehr auf dem alten Parkettboden, sondern „Beatgruppen": drei bis vier junge Männer in weißen Hemden und Bügelfaltenhosen, die sich „THE RATTLES" oder „BEATNICKS" nannten, längere Ponys trugen und einige Worte Englisch sangen.

Von unserem Spielplatz aus konnten mein Freund Ingo und ich, auf der Schaukel sitzend, die Heerscharen von „Backfischen" an uns vorüberflanieren lassen, und oft sind wir unseren acht Jahre älteren Schwestern hinterher geschlichen, um sie beim Tanzen zu beobachten. Das klappte nur, wenn es im Laufe des Abends so verqualmt und heiß wurde, dass die Fenster weit geöffnet werden mussten. Das war unsere Chance – doch durften wir uns keinesfalls dabei erwischen lassen, sonst wurden wir fortgescheucht. Die „Halbstarken" hatten etwas dagegen, von uns „Babys" bespitzelt zu werden. Deshalb mussten wir den Großen wie die Indianer aus dem Versteck einer schützenden Hecke oder hinter einem Holzstoß kauernd auflauern. So erspähten wir, wie die Jungs mit den Mädels im Petticoat Rock'n Roll oder Twist tanzten, Cola tranken und wie die Schlote qualmten – und zu unserem großen Gekicher – manchmal auch mit ihnen herumknutschten. Zu gerne hätten wir mal unsere großen Schwestern dabei erwischt – schon, um gegen die viel ältere Übermacht einen Trumpf in der Hand zu haben, mit dem wir ihnen zum passenden Zeitpunkt hätten drohen können.

Ingo hatte unsere älteren Schwestern und ihre Freundinnen saublöd gefunden. Er nannte sie „dumme Hühner", weil sie alle taten, als seien sie Conny Froboess oder die Mädels vom Immenhof und sich „Mausi", „Dolly" oder „Tina" nannten – wo sie doch in Wahrheit Ingeborg, Dorothea oder Bettina hießen. Ich dagegen fand ihre halbstarken Verehrer mit Schmalztolle, Stielkamm in der Gesäßtasche und Lederjacke blöd – weil in unserem gemeinsamen Kinderzimmer genau so ein Typ an der Tür hing.

Meine Schwester hatte sich den Bravo Starschnitt vom Munde abgespart, denn in jeder Bravo war immer nur ein Teil von IHM, der nun lebensgroß unsere Tür zierte: ELVIS, the Pelvis!

Nachts hatte ich Angst vor ihm. Aber das interessierte meine große Schwester nicht die Bohne.

Meine Schwester hatte einen festen Freund, der gegen Elvis nicht anstinken konnte – fand ich. Dieser Schornsteinfeger in Northeim, der tatsächlich „Tony" hieß und ein stinkendes Moped fuhr – wenn er mal nicht darunter lag und daran herumschraubte – hatte ohnehin einen ganz schrägen Musikgeschmack. Als Liebesbeweis schenkte er meiner Schwester eine Single von Drafi Deutscher: „Marmor, Stein und Eisen bricht". Danach war der bei mir ganz unten durch: Schlager – das war doch was für alte Leute! Doch meine bescheuerte Schwester spielte die verdammte Platte Tag und Nacht ...

Für Ingo und mich war jedenfalls klar gewesen: Wir würden uns, wenn wir erstmal so alt wären, auf keinen Fall so dumm benehmen!

II. Boys, boys, boys ...!

Als ich fünfzehn Jahre alt geworden war und Ingo sechzehn, schickten uns unsere Eltern zur Tanzstunde Höfer in den Rheinischen Hof am Köppenweg.

Zusammen.

Wie peinlich war das denn!

Seit der Pubertät waren Ingo und ich uns gegenseitig peinlich geworden und vermieden es, uns wie in Kindertagen auf dem Hof oder in unseren Zimmern zu verabreden. Doch Ingos Mutter behandelte uns, seit wir aus den Kinderschuhen herausgewachsen waren, wie ein „Pärchen". Sie drangsalierte Ingo mit schrecklichen Klamotten – spießigen Pullundern und breiten Cordhosen – und mütterlichen Ratschlägen, die sie ihm möglichst aus dem offenen Wohnzimmerfenster hinterher brüllte, wenn wir das Haus verlassen hatten: „Iiingooo – der Herr geht liiihinks ...!" Mich betrachtete sie als Schwiegertochter in spe und war sich bombensicher: was schon zusammen im Sandkasten bis Australien gebuddelt hat, das wird auch später mal ein perfektes Paar mit perfektem Eigenheim!

Ich aber fühlte mich wie in einer Falle. Mein Spielfreund Ingo war durch zahlreiche Wachstumsschübe vom drallen Knaben zu einem Shrek mit Holzknackerkiefer, muskelbepackten Oberarmen und Riesenpranken mutiert, der (in Schuhgröße 45!) neben mir herschlurfte wie ein Oger. Mir hingegen mangelte es an Wachstumshormonen: ich war immer noch das Einmeterundfünfundfünfzig-Elfchen mit zu langen Armen und Beinen, das im kurzen Röckchen und zart ersprießenden Busenknospen neben ihm herschwebte.

Ich hatte ein schlechtes Gewissen, meiner Schwiegermutter in spe wehzutun – aber Ingo und ich passten zusammen wie Arsch auf Eimer: Riesenarsch auf Fingerhut, oder Zwergenpopo auf 10-l-Eimer!

Mit einem Meter Abstand ging ich neben Ingo her und trennte mich sofort von ihm mit fadenscheinigen Ausflüchten, wenn wir den Rheinischen Hof erreicht hatten.

Ich gebe zu, das war ein klitzekleines bisschen gemein von mir – aber ich konnte mir doch meine neuen, weißen Tanzschühchen nicht von diesem Oger breitlatschen lassen!

Die mussten makellos bleiben – für Bodo Hahnemann.

Von ihm wollte ich unbedingt zu einer Cola in der Pause eingeladen werden, un-be-dingt! Weil er der gutaussehendste, schwarzhaarigste, männlichste Gymnasiast auf dem glatten Parkett war. Und er hatte sich auch noch nie beim Aufforderungswettlauf auf die Fresse gelegt – wie Ingo.

Einen Foxtrott und eine Rumba später war ich schwer verliebt. In Bodos Armen schwebte ich übers Parkett, dann hakte ich mich selig in seinen linkisch dargebotenen Arm, um ihm enthusiasmiert an den Tresen des Ausschanks zu folgen.

Einige Cha-Cha-Chas und Walzer später brachte er mich regelmäßig nach der Tanzstunde nach Hause. Das war DER Freibrief für so ziemlich ALLES, was den Puls beschleunigte ...

Bald trauten wir uns sogar schon, in der Öffentlichkeit Händchen zu halten: Guck nicht so blöd, Alte/Alter – wir GEHEN zusammen!

Ich war ja so gespannt und ungeduldig, wann sich der erste Kuss von Prinz Bodo auf meine Prinzessinnenlippen legen würde. Und an einem Dienstag war mir klar: heute wird ES passieren! Denn an diesem Tag schob Bodo sein Fahrrad nicht auf direktem Weg zur Oberstadt, wo wir beide wohnten, sondern führte mich an der Hand den Bäckerwall hinauf, auf die Ententeiche zu.

Es war ein schwül-heißer Spätnachmittag. Ein warmer Sprühregen fing langsam an, auf uns herabzunieseln. Ich war in Sorge um meine Frisur. Bodo lachte mich aus und sagte: „Mairegen macht schön!"

„Aber nicht mich!"

Mein feines Haar war weich wie Babyflaum. Wenn das nass wurde, konnte Bodo mir womöglich auf den blanken Schädel gucken! Ich ärgerte mich im Stillen, dass ich keinen Schirm mitgenommen hatte und tat so, als würde es mir gar nichts ausmachen. Ich war ja in froher Erwartung eines Feuerwerks an Empfindungen.

Da hätte ich nicht auf Bodo Sohnemann hoffen sollen ...

Der führte mich zu einer Parkbank am Ententeich mit der Riesenfontäne, platzierte mich sorgsam neben sich und legte mir mit Besitzerstolz den Arm um die Schultern.

Das war`s dann erstmal.

Sanfte Windböen wehten leichte Sprühnebel von der Fontäne zu uns hinüber, und nun wurden wir auch von vorne nass. Ich war in Sorge um mein Sommerkleid, aber Bodo lachte und sagte: „Wir sind doch nicht aus Zucker!"

„Aber aus Synthetik!"

Bodo hatte gut reden – der hatte einen Anzug an, in dem er sich in drei Stunden noch trocken fühlen würde. Ich hingegen würde in etwa zehn Minuten durchsichtig sein! Bodo MIT Schirm wäre für mich jetzt DER Hit gewesen.

Eine ganze Weile saßen wir andächtig schweigend da und nichts geschah. Obwohl ich bereits meinen Kopf an seine Schulter gelehnt hatte. Beim Fußball nennt man so was eine Steilvorlage ...

Aber Bodo schaute nur angestrengt ins Irgendwo, während ich von der Feuchtigkeit und dem Wind langsam einen steifen Hals bekam.

Daher vertrieb ich mir die Zeit mit Sorgen machen: hoffentlich würde er nichts merken. Dass ich schon mal geknutscht hatte ...

Den Dieter aus der 9b.

Letzten Herbst hatte er mit mir eine Klassenfahrt an die Ostsee gemacht. Er war damals in der Klasse über mir gewesen. Ein richtiger Mann also.

In den ersten Tagen der Klassenfahrt hatten beide Klassen noch miteinander gefremdelt, obwohl wir uns ja alle von der Schule her kannten. Aber wir Mädels aus der 8a waren unsere albernen Jungs bald leid, die nur schweinische Witze erzählten und ständig versuchten, uns mit Linealen, auf die sie Handspiegel geklebt hatten, unter die Röcke zu gucken. Die älteren Jungs aus der 9b wirkten schon viel männlicher und zogen uns magisch an ...

Mit ihnen tanzten wir beim „Bunten Abend" Klammerblues – während unsere kindischen Klassenkameraden uns neidisch dabei zusahen.

Wenn nach einigen Stunden unsere Klassenlehrer genug von uns hatten und sich auf ein Glas Wein zurückzogen, spielten wir gerne eine Runde „Flaschendrehen" im Aufenthaltsraum – manchmal auch verbotenerweise mit handverlesener Gruppe in einem unserer Zimmer.

Hochnotpeinlichen Fragen mussten nach „Wahrheit" oder „Pflicht" beantwortet werden, die dümmsten Pantomimen gemacht, an Salzbroten geleckt, in Zitronen gebissen und dann ein Lied gepfiffen werden.

Aber der Clou war das Knutschen. Jedes Mädel aus der 8a hoffte inbrünstig, den gutaussehenden Hünen Gunnar zu erwischen – und bloß nicht dranzukommen, wenn Guido mit den schiefen Zähnen und dem Kloaken-Atem an der Reihe war.

Es gab zwei Kuss-Kategorien: „einfach" oder „mit Zunge". Leider legte das die Gruppe fest. Und zwar NACHDEM ein Pärchen durch Drehen der Flasche gefunden wurde.

Damit meine Freundin Conny und ich nicht ganz so jungfräulich der Tortur öffentlichen Knutschens entgegen sehen mussten, hatte uns am Nachmittag die nach eigenen Angaben sehr erfahrene Heike den Zungenkuss auf unserem Zimmer beigebracht. Nacheinander mussten erst ich, dann Conny ihr hinter eine geöffnete Schranktür folgen, wo Heike uns dann unvermittelt ihre Zunge in den Hals steckte. Es fühlte sich nass und eklig und überhaupt nicht annähernd so sexy an, wie es die einschlägige Aufklärungs-Literatur, zum Beispiel „Milchbar zur bunten Kuh", geschildert hatte. Dort wurde der erste Kuss zweier Fünfzehnjähriger als ein von wonnigen Schauern begleitetes, bombastisches Gefühlskarussell beschrieben, bei dem der Atem stockte, die Zeit stehenblieb und die Welt herum versank.

So wollten Conny und ich „genommen" werden und nicht anders!

Vielleicht lag es ja auch an Heike, hofften wir, stopften uns Socken in die BHs, schminkten unsere Lippen mit Penatencreme blutleer, spuckten in die nicht wasserfesten Mascarabehälter, tunkten die Bürstchen in die Anthrazit-Pampe und rollten sie in drei Schichten über unsere Wimpern. Dann nur noch Lidschatten, Lidstrich und zwei Schichten Make-up für fettige, unreine Haut, dann Haare auf Lockenwickler drehen, trocken föhnen, toupieren, Klamotten anziehen, noch mal ausziehen, Klamotten tauschen und wieder anziehen – und schon konnte es losgehen!

Eines Abends zeigte der Flaschenhals auf mich.

Dieter hatte die Flasche gedreht. Der war nicht gerade erste Wahl – aber wenigstens nicht so ein Vollpfosten wie Guido mit dem Todesatem oder der schwule Ottmar.

Es hätte also schlimmer kommen können, und unter dem lautem Gejohle intonierten zwei Mädels besonders laut: „Mit Zunge, mit Zunge!" – es waren Conny und Heike, diese Miststücke.

Als Dieters Zunge sachkundig meine Mundhöhle erforschte, kniff ich meine Augen fest zusammen – auch, um das schadenfrohe Grinsen der Mädels nicht sehen zu müssen. Dieter hingegen muss das wohl für ein Indiz für Leidenschaft gehalten haben: seit diesem Kuss klebte er mir an den Hacken...

Es schmeichelte mir ja außerordentlich, dass ich begehrt wurde – wenn da bloß nicht dieser strenge Geruch gewesen wäre.

Dieter müffelte.

Und je öfter und länger wir knutschten, umso penetranter wurden Dieters Ausdünstungen. Ich war diese Mischung aus Testosteron, Aufgeregtheit und bibergeil noch nicht gewohnt und versuchte, meinen Kopf von seinem Achselbereich fernzuhalten. Aber versuch` das mal beim Küssen! Schließlich hatte er mich durch häufiges An-sich-Drücken so markiert, dass meine Klamotten ebenfalls stanken wie notgeiles Frettchen auf Moschusochse.

Von da an gewöhnte ich mich an seinen Geruch – er gab meinem Niveacreme-Tosca-Apfelshampoo-Aroma die herb-würzige Note, und wir konnten einfach nicht mehr voneinander lassen. Wo auch immer wir uns trafen, steckten wir uns die Zungen in den Hals und rieben uns aneinander. Bis meine wund gebissenen Lippen aussahen wie aufgeblasene Schlauchboote. Mein Lehrer setzte uns bei einer Hafenrundfahrt auseinander – nachdem er lange genug angewidert dabei zugeschaut hatte, wie wir ineinanderverkeilt öffentliches Ärgernis erregten.

Als ich von der Klassenfahrt nach Hause kam, fiel der prüfende Blick meiner Mutter auf meine Lippen. Erst vermutete sie einen Herpes, dann den wahren Erreger meiner wunden Lippen: „Wie heißt er? Und lüg mich bloß nicht an, du!" Der weitere Umgang mit Dieter wurde mir als nicht standesgemäß ausgeredet: „Und was will der werden? Maler? Willst du dich an so einen Pinselschwinger verschwenden? Der kann dir doch nichts bieten!"

Meine Mutter hatte Besseres mit mir vor. Für sie kam nur ein gebildeter junger Mann in Frage, der es im Leben mal weit bringen würde: Einer, der IHR gefiel. Schließlich wollte sie ja einmal bei uns wohnen – da musste sie sich den Schwiegersohn schon ganz genau anschauen, nicht wahr?

So war ich zwecks Sichtung der örtlichen Gymnasiasten in der Tanzschule Höfer im Rheinischen Hof und in Bodos Arm auf der Parkbank am Bäckerwall gelandet ...

Und wurde langsam von oben vom Mairegen und von vorne von der Fontäne eingeweicht, während Bodo geradeaus stierte, bis ihm die Augen tränten.

Nach zehn Minuten gab ich resigniert und ungeküsst auf, hob den Kopf, sammelte den letzten Rest Speichel im von der schwülen Hitze ausgedörrten Mund und sagte:

„Sch`glaub, sch`muss jetzt ...", als Bodo mich überfallartig an sich riss und mir seine Zunge in meinen überraschten Mund schob. Ganz nah hatte ich seine grobporige Haut vor Augen. Seine Zunge fühlte sich an wie rohe Leber – und schmeckte auch so ähnlich. Durch sein leidenschaftsloses Herumgefuhrwerke vor und hinter meinen Zahnreihen war mir klar, dass es wenigstens für Bodo eine Premiere gewesen war ...

Nach dieser herben Enttäuschung verlor Bodo so einiges an Traumprinzqualitäten, aber ich blieb bei ihm. Bis einige Wochen vor dem Abschiedsball.

Wir waren im Freibad mit Bodos Freunden. An diesem Nachmittag verhielt er sich unausstehlich, alberte nur mit den Jungs herum und beachtete mich kaum. Irgendwann wurde es mir zu dumm und ich ging mir ein Eis holen. An diesem Tag folgte er mir nicht.

Nach gefühlten Ewigkeiten schlich ich mich zu unserem Platz zurück, wo Bodo mit seinen Freunden Fußball spielte, ohne sich nach mir umzusehen.

Ich hatte meine Sachen schon fast fertig gepackt, als Bodo sich sichtlich verlegen neben mich setzte – seine Freunde waren verschwunden.

„Ich muss mit dir reden."

„Ach ja?"

„Wegen dem äh ... Abschlussball."

„Und?"

„Ich ... äh, kann nicht auf den Abschlussball gehen – jedenfalls nicht mit dir ..."

Ich schluckte.

„Weil ich den Ball schon der Monika versprochen habe. Übrigens lange, bevor ich dich kennengelernt habe ..."

„Welche Monika?", unterbrach ich drohend, „... doch wohl nicht die Engelhard, diese eingebildete Kuh?"

„Doch!", antwortete Bodo mürrisch und zerfledderte ein Büschel Grashalme. „Versteh das doch: mein Vater und ihr Vater gehen zusammen auf die Jagd ..."

„Ja, nee, is` klar ...!"

Da war es also wieder: das subtile Gift kleinstädtischen Dünkels! Ich war so enttäuscht von Bodo, dass der sich seinem Vater zuliebe für ein Mädchen aus seiner Klasse entschieden hatte, das er in der Tanzstunde nicht einmal aufgefordert hatte ...

Schon meine ältere Schwester hatte unter diesem Kleinstadt-Einmaleins-des-guten-Tons zu leiden: Gymnasiasten gingen nicht mit Hauptschülern – und umgekehrt. Der Abschlussball war für die Eltern ein gesellschaftliches Ereignis. Und die sogenannte „gute Gesellschaft" war heillos altmodisch: ein Mädchen von der Realschule, das konnten

Eltern eines Gymnasiasten gerade eben noch akzeptieren – aber das Mädel vom Bauernhof hatte sich, bitteschön, unter den Hauptschülern umzusehen! Während die Oberstadtmädchen dazu angehalten wurden, sich nicht wahllos mit Jungen „unter ihrem Wert und Stand" anzufreunden, sahen es Eltern der Haupt- und Realschülerinnen gerne, wenn sich das Töchterchen „nach oben" orientierte – statt sich von einem Handwerksburschen in die Eisdiele einladen zu lassen.

Und ich war doch, was den Abschlussball betraf, ohnehin schon bestraft genug: den ersten Tanz würde ich nicht mit meinem Vater tanzen können. Ich würde mich mit Onkel Friedrich zufrieden geben müssen – meinem „Vater-Ersatz", der auch schon bei meiner Schwester gute Dienste geleistet hatte. Er war der Bruder meiner Oma – ein eleganter, kultivierter Mann, doch der war bereits Rentner, das hieß: uralt!

Zu allem Elend würde ich nicht das schicke Kleid von „Betty Barclay" bekommen, das ich im Kaufhaus gesehen hatte – sondern ein von meiner Oma genähtes. Das bedeutete: der Schnitt würde aus der BURDA stammen und ich würde wieder um jeden Millimeter Rocksaum kämpfen müssen! Und ich würde mich garantiert wieder mit meiner Oma verkrachen, weil sie wieder so altbackene Kragen, Knöpfe und Manschetten verwenden wollte, die sie in den Blechkästen unter ihrer alten SINGER-Nähmaschine verwahrte.

Und dann auch noch diese Enttäuschung mit Bodo – das war zu viel!

In einer Art trotziger Restwürde machte ich mit Bodo „Schluss" und raffte dann hektisch meine Sachen zusammen. Ich suchte das Weite, bevor er mich heulen sah und flüchtete mich in die Umkleidekabinen, um meinen ersten schweren Liebeskummer in Kutschbockhaltung zwischen den Knien hindurchzuheulen. Von Bodo keine Spur.

Mit rotgeweinten Augen trottete ich dann nach Hause. Bodo und Kleid und Onkel Friedrich und Abschlussball, die sollten mir doch alle gestohlen bleiben!

Vor meiner Mutter musste ich das alles geheim halten – sie hatte den plötzlichen Verlust ihres Mannes und den damit verbundenen sozialen Abstieg kaum verkraften können.

Erst hatte sie die schöne Sechs-Zimmer-Wohnung mit Balkon aufgeben müssen, und bald konnte sie die Kosten für das Schulgeld meiner Schwester – die am Gymnasium übliche „bessere" Kleidung, Kosten für Klassenfahrten, etc. – nur noch mit Mühe aufbringen. Und den Nachhilfe-Unterricht, den meine Schwester damals dringend gebraucht hätte, konnte sie sich nicht leisten. Nachdem mein Vater gestorben war, hatte meine elfjährige Schwester nur noch verstört und wie eine Aussätzige allein auf dem Schulhof herumgestanden und war auch im Unterricht nicht mehr mitgekommen.

Meine Mutter hatte sie deshalb vom Gymnasium genommen und vor lauter Sorge direkt auf die Hauptschule geschickt: „Und wenn das Kind nun die Mittelschule auch nicht schafft ...?"

Mir – und vor allem sich selbst – sollte diese Schande von vornherein erspart bleiben. Zur Zeit der Umschulung ließ sie mich unter fadenscheinigen Gründen – ich sei noch zu verspielt, zu oft krank gewesen, zu schlecht in Mathe – ein Jahr länger auf der Hauptschule. Meinem Selbstwertgefühl hatte das einen gehörigen Knacks gegeben, denn viele meiner Freundinnen wechselten auf andere Schulen – auch Ingo und meine beste Freundin Ina – und mit denen konnte ich es doch locker aufnehmen! Ich war entrüstet.

Als ich ein Jahr später als die anderen wechseln sollte, war ich bockig: nun wollte ICH nicht mehr – das fühlte sich ja an wie „Sitzenbleiben"! Lieber blieb ich bei meinen Freundinnen. Und bereute es im Stillen ...

Später suchte ich nach äußeren Möglichkeiten der Selbstbestätigung: ich wollte toll aussehen und von Jungs begehrt werden – und jeder gutaussehende Gymnasiast sollte, verdammt noch mal, nach mir lechzen! Und das taten sie auch. Im Schummerlicht der Partykeller. Aber wenn es darum ging, mich ihren Eltern vorzustellen ...

Nur Mathias nicht. Der war anders als die anderen.

Inzwischen war ich konfirmiert, aus der Schule entlassen und im ersten Lehrjahr. Und Mattes, so nannte ich ihn zärtlich, beneidete mich darum – ha!

Er war ein mäßiger Schüler und hatte überhaupt keine Lust, später einmal zu studieren. Doch seine Eltern verlangten von ihm, bis zum Abitur durchzuhalten – dann könne man ja immer noch überlegen ...

Ich beneidete Mattes um die beruflichen Möglichkeiten, die er mit dem Abitur haben würde. Mir hatten die Berufsberater zum Handwerk, einer kaufmännische Lehre oder der Fachschule für Hauswirtschaft geraten – na, toll!

Mattes und ich konnten uns gegenseitig über die Unbill des Erwachsenenwerdens hinwegtrösten. Seine Mutter ließ sich ihre Ressentiments mir gegenüber nicht offen anmerken. Mattes war ihr einziger Sohn, den sie bei ihrer geplanten Scheidung an ihrer Seite wissen wollte. Sie fuhr eine andere Strategie, um mich loszuwerden: Sie wollte ihrem Sohn vorführen, wie unpassend ich für ihn war – dann würde er schon ganz allein darauf kommen ...

Bei meinem Antrittsbesuch, kaum dass Mattes mich vorgestellt hatte, sah sie mich mit einer Mischung aus Mitleid und Abscheu an: „Du solltest unbedingt mal was gegen deine unreine Haut tun – womit reinigst Du denn, Mädchen?"

Hinterher entschuldigte sich Mattes für seine Mutter: „Die macht gerade eine Weiterbildung als AVON-Beraterin und geht damit allen auf`n Sack ...!"

Wochen später schickte sie uns ins Konzert: Goldberg-Variationen. Mattes Eltern hatten ein gemischtes Theater und Konzert-Abo. Da sie schon tagsüber kaum noch miteinander redeten, wollten sie abends nicht auch noch in aller Öffentlichkeit zusammen schweigen.

Also ließ sie uns ihr Abo „abarbeiten" und wir hassten das gründlich! Erstens war ich für solche Veranstaltungen klamottentechnisch nicht ausgerüstet und erschien beim ersten Konzertbesuch in meinem von der Omi umfunktionierten Konfirmationskleid. Und zweitens fehlte mir der bildungsmäßige „Background", um Lessing, Shakespeare oder Brecht so richtig verstehen zu können. Mattes konnte über beides verfügen, interessierte sich aber nicht die Bohne dafür. Er war höchstens dafür zu erwärmen, mich möglichst oft im dunklen Zuschauerraum zu küssen.

Bei einem dieser unsäglich langweiligen Kammermusik-Abende tat er das so ausgiebig, dass ihm ein hinter uns sitzender, älterer Herr so lange energisch ans Jackett klopfte, bis Mattes endlich von mir abließ.

Ich ging lieber mit Mattes ins Kino – ohne unsere Freunde, wenn es sich einrichten ließ. Nachdem wir „Easy Rider" und „Woodstock" gesehen hatten, arbeiteten wir uns langsam zu den Filmen ‚ab 16' vor: „Schulmädchen-Report", „Jodeln in der Lederhosen", „Das geile Haus am Pinnasberg" ... – einer dümmer als der andere – aber immer gut besucht!

Filmisch anschaulich unterwiesen, hatten wir immer etwas Neues zum Ausprobieren, und Mattes Mutter beobachtete mit zunehmendem Argwohn, dass ihr Sohn immer öfter sein Zimmer abschloss, wenn ich ihn besuchte. Sie ließ sich nichts anmerken – und fing mich gleich bei meiner Ankunft ab, um mir ihren Smalltalk und diverse

AVON-Produkte aufzunötigen. Manchmal musste ich ihr etwas abkaufen – nur, damit ich endlich zu Mattes konnte! Wenn es ganz schlimm kam, bestand sie auf gemeinsamem Beisammensein mit ihrem wortkargen Ehemann. Im Wohnzimmer bastelte Mattes Vater mit Inbrunst Buddelschiffe und Seemanns-Knotenbretter – es sah manchmal aus wie in einem Laden für maritimen Bedarf. Seine Sehnsucht, in Ruhe gelassen zu werden, war offensichtlich und bedrückend. Aber Muddi drückte Mattes und mich zum schweigenden Heimwerker aufs Familiensofa und reichte Schnittchen ...

Es war grauenhaft: Mattes und sein Vater warfen sich Worthülsen aus Seemannsgarn und CB-Funk zu, das Ehepaar hatte sich gar nichts zu sagen und die Mutter gab mir ständig ungebetene Tipps für fettiges Haar, Akne und Achselgeruch.

Wir kamen kaum noch dazu, uns ein paar Stunden ungestört in Mattes Zimmer einzuschließen – das konnte so nicht weitergehen!

Es hatte sich nämlich herausgestellt, dass Mattes und ich im Verzug waren: mit dem Vollzug.

Meine allerbeste Freundin Ina hatte mit ihrem Freund Ulli an lauschigen Plätzen in freier Natur die heißesten Szenen aus „Schulmädchenreport“ nachgestellt – und bei der Gelegenheit hatte sich die doofe Nuss doch tatsächlich am Aussichtsturm entjungfern lassen!

Das Geständnis hatte ich ihr geradezu unter der Folter herauspressen müssen – obwohl wir uns doch geschworen hatten, uns IMMER über ALLES auf dem Laufenden zu halten, was den Stand unserer Beziehungen mit Jungs anging. Zum ersten Mal gingen wir mit unseren Freunden getrennte Wege – da war es ja wohl nicht zu viel verlangt, wenigstens hinterher ALLES darüber zu erfahren ...

Ina wurde plötzlich seltsam wortkarg, das kam mir gleich verdächtig vor:

„Los, sag es mir sofort: WIE WAR ES?"

„Ach ...", murmelte Ina nur und winkte unwillig ab.

„Wir haben es uns VERSPROCHEN!!!

„Na gut – wenn du es unbedingt wissen willst: Es war ... überhaupt nicht so, wie wir immer gedacht haben".

„Wie DENN?"

Ich war verunsichert. Was war bloß mit meiner Freundin los?

„Es war ... eben: blöd!"

„Wie jetzt: Blöd?"

Ina sah mich plötzlich mit fremden Augen an.

Sie sah mich an wie ... eine Frau ein Kind anschaut.

III. Only you ...!?

In den darauffolgenden Wochen musste mein Freund Mattes oft mit mir spazieren gehen. Ich schleppte ihn zur „Schwarzen Hütte" und zum Aussichtsturm und hoffte auf dieselbe Initiation, die meiner Freundin Ina widerfahren war ...

Doch Mattes wollte oder konnte meine Winke mit kompletten Zäunen: MACH! ES! ENDLICH! nicht verstehen. Stattdessen fingerte er beim Knutschen nervös an meinem BH-Verschluss herum, und statt sich darüber zu freuen, dass er nun endlich mal bei Lichte besehen durfte, was er bislang höchstens unter meinem Pulli mal anfassen konnte, wirkte er befangen und wollte „erstmal drüber reden". Ich wurde langsam sauer, denn ich hatte echt genug davon, mit ihm „Schulmädchen-Report, Teil I-X zu sehen – ich wollte „ES" nun endlich hinter mich bringen. Am besten so schnell wie möglich – schon, um meiner besten Freundin Ina wieder auf Augenhöhe begegnen zu können!

Ich hatte keine Ahnung, dass weibliches Drängen zum sexuellen Vollzug Männern eher unangenehm ist – vor allem, wenn sie noch keine Männer sind.

Während wir so kreuz und quer den Harz durchstreiften, von Mücken gestochen und Waldameisen gebissen, versuchte Mattes, mir seine Vorstellungen von Sexualität schmackhaft zu machen. Es war von „langsam angehen", „kuscheln" und „du bist mir das Warten wert" die Rede – während um uns herum Heerscharen von gierigen Bienen ihre Rüssel in geöffnete Blütenkelche tunkten, auf den Wiesen geile Karnickel rammelten, am Waldesrand brünstige Hirsche röhrten und in den Tümpeln paarungsbereite Frösche kopulierten.

Ich vermutete, dass seine Mutter ihm diesen Mist eingeredet hatte – sie hatte mit ihrem kleinen Prinzen offensichtlich andere Pläne!

„Sag mal, Mattes, seid ihr vielleicht einer Sekte beigetreten oder was? Ich komme mir vor, als ob ich mich dir hier anbiete wie Sauerbier ...!"

„Nee, das isses nicht – aber wir müssen dann ja auch verhüten, nä?"

„Na und?"

„Ich wüsste gar nicht, wo ich so was herkriegen soll ..."

„Im Schützenhaus hängt auf jeder Toilette ein Automat. Außerdem ist die Ina Apothekenhelferin – die kommt an ALLES ran!"

Ich kramte in meiner Handtasche nach einem kleinen Päckchen mit der Aufschrift: „FROMMS" und knallte es auf den Holzstoß, auf dem wir gerade hockten.

Beim Anblick des Päckchens sackte Mattes förmlich in sich zusammen. Nachdem er es eine Weile unengagiert betrachtet hatte, murmelte er: „Wollen wir nicht lieber zum „Brockenblick" laufen und ein Eis essen gehen ...?

Na gut, dachte ich grimmig, dann werde ich dir meine Jungfräulichkeit eben nicht zum Abitur schenken!

Zu seinem Abi waren wir dann schon getrennt – was mich nicht daran hinderte, dennoch zur Abi-Fete zu erscheinen und mit allen Jungs zu flirten, die nicht bei drei auf den Bäumen waren. Er sollte sehen, was ihm entgangen war! Mattes betrank sich heillos und musste schon gegen 22 Uhr nach Hause gekarrt werden. Schade aber auch – nun machte das Flirten gar keinen rechten Spaß mehr ...

Wenn da nicht Peter gewesen wäre, ein ehemaliger Schüler des Goethe-Gymnasiums und jetzt Disc-Jockey im SCHÜTZENHAUS, der mich den ganzen Abend beobachtet hatte. Und ich ihn – denn er war ebenfalls ganz schön umtriebig damit beschäftigt, Mädels anzubaggern. Sicher war der schon über zwanzig – was trieb ihn denn auf so eine „Kinderveranstaltung"? Ich war schon angeschickert genug, ihn einfach mal danach zu fragen und schlingerte quer durch den Saal auf ihn zu, als er mal kurzfristig allein dastand.

Er fand die Frage ausgesprochen originell: Gestellt von einem Mädchen, das nur einen Meter fünfundfünfzig groß war. Wir unterhielten uns großartig und irgendwann nahm er mir das Bier aus der Hand und zog mich auf die Tanzfläche.

Als die Band um 23 Uhr begann, ihre Sachen einzupacken und die Neonröhren in der Aula angingen, damit die Aufräumtrupps mit Müllsäcken ausschwärmen konnten, klebten wir immer noch aneinander. Zwischen zwei Küssen fragte Peter mich, ob ich noch Lust hätte, mit ihm zum Steinbruch am Kirschenberg zu kommen: „Oder muss die Kleine etwa schon nach Hause?"

„Natürlich nich` – sssehe ich etwa ssso ausss?" entrüstete ich mich dezent lallend.

Er brauchte ja nicht zu wissen, dass meine Mutter für einige Tage bei meiner Tante in Hamburg war und meine Oma einfach nichts mehr hörte, nachdem sie ins Bett gegangen und ihr „gutes" Ohr auf das Kopfkissen gelegt hatte – auf dem anderen war sie stocktaub ...

So machten wir uns auf einen Nachtspaziergang der besonderen Art: Bis zum Schützenhaus war der Weg ja von Straßenlaternen beleuchtet – aber dann ging es in die vollmondbeschienene Wildnis des Kirschenberges ... wie aufregend!

Diesen Sommer war ich zum ersten Mal mit Mattes dabei gewesen, als eine Gruppe, die sich erst in der Disco im Schützenhaus formierte, zum Steinbruch aufmachte. Sie wollten beim Lagerfeuer Musik machen, trinken, kiffen und zelten. Schon vor Einbruch der Dunkelheit hatten die Zelter ihr Equipment dort hinaufgeschleppt – wer mitmachen wollte, musste nur ein paar Mark fürs Bier oder die Bratwurst bezahlen. Oder was zum Kiffen dabeihaben. Oder Schnaps. Oder eine Gitarre. Oder Mädels ...

Man musste nur eine geeignete Erdsenke suchen, damit die Rauchsäule vom Feuer nicht über den Kirschenberg hinaus zu sehen war – sonst hatte man den Förster oder noch Schlimmeres am Hals: Die Polizei. Und den Ärger konnten die Mädels unter achtzehn und die dort versammelten Kiffer nicht gebrauchen.

Als wir etwa fünfzehn Minuten quer über den Kirschenberg gekraxelt waren, erreichten wir den Steinbruch, der unheimlich still im Mondenschein unter uns lag. Peter pfiff einmal kurz, zweimal lang – und siehe, von irgendwoher kam ein schwacher Pfiff aus dem Dunkel zurück. Auf dem schmalen Weg, der die Steinbruchkante bildete, konnten wir nur hintereinander gehen, und ich versuchte, nicht in den dunklen Abgrund unter uns zu schauen, während ich Peter unsicher schwankend folgte.

Die Party war leider schon fast beendet – wir trafen nur noch auf einen kleinen Trupp Typen, die entweder schon im Vollrausch schnarchten oder völlig bekifft am Feuer saßen, dummes Zeug redeten und alberne Lachflashs hatten, die kein Nichtkiffer nachvollziehen konnte.

Peter öffnete mir mit einem Schlüssel eine Flasche Bier, dann griff er sich eine Gitarre und spielte ...

„Whow! Ich lieeebe Gitarrenmusik – und Jungs, die Gitarre spielen können!", grinste ich.

Leise sang ich die Texte mit, und wenn ich sie nicht konnte, summte ich – und langsam nickte auch der letzte Kiffer ein ...

Als das Feuer ausgegangen war, schlichen wir in eines der unbemannten Zelte – vermutlich schnarchte der Eigentümer gerade unterm Firmament – küssten uns heiß und innig und pellten uns gegenseitig Schicht für Schicht aus unserer Kleidung. Für mich wäre es schon aufregend genug gewesen, halbnackt neben ihm im Schlafsack zu liegen.

Doch Peter wollte mehr – und ging davon aus, dass ich es auch wollte. Schließlich hatte ich ihm den ganzen Abend über eingeheizt...

So landeten wir schließlich nackt in einem Schlafsack, ich zitterte – und das nicht nur wegen der Kälte.

Peter interpretierte das wohl als Wonneschauer, denn er lag schneller auf mir, als ich es mir noch überlegen konnte. Ich schloss die Augen und dachte: Bähhh! Wer weiß, wem dieser Schlafsack hier gehört ...!

Und: Scheiße! Hätte ich vorher vielleicht doch noch mal pinkeln gehen sollen ...?

Und: Arrrghhh!

Und: Was, zur Hölle, macht der da unten mit seinem ...?

Peter mühte sich redlich – und gab mir die ungewollte Klarsicht darüber, was „bohrender Schmerz" im eigentlichen Sinne bedeutete. Doch hielt er meine Schmerzenslaute wohl für reine Lustäußerungen. Vielleicht dachte er auch: Mann – das kleine Luder ist aber verdammt, verdammt eng gebaut ...?!

Er bekam ihn einfach nicht rein. Allmählich kam das, was wir da veranstalteten, rhythmischer Sportgymnastik gleich: Er wollte – ich wollte dem Schmerz ausweichen ...

Bis er wohl keinen Nerv mehr auf Ringkämpfe dieser Art hatte und mich kurzerhand auf sein malträtiertes, bestes Stück setzte.

Ein stechender, klirrender Schmerz nahm mir den Atem, mich aufbäumend warf ich den Kopf zurück ...

Was Peter wohl wieder als ein Zeichen der Ekstase interpretierte, mich bei den Hüften nahm und so lange vor und zurück schaukelte, bis er sich endlich in mich hineinschraubt hatte. Kurz darauf kam er.

Gott. Sei. Dank – ich hätte das nicht eine Minute länger ausgehalten!

Als danach ein warmes Rinnsal aus meinen Genitalien an den Innenseiten meiner Oberschenkel hinabrieselte, fuhr ich mit einem Ruck aus dem Schlafsack: Grundgütiger! Panisch stürzte ich mit nacktem Hintern in die mondbeschienene Nacht ...

Als ich zurückkam, hockte Peter auf dem Schlafsack und zündete sich gerade eine Zigarette an. „Machste mir auch eine an?" bat ich ihn erschöpft, zog mein T-Shirt über den Kopf und kauerte mich neben ihn. Im Licht des aufflackernden Feuerzeugs sah ich kurz das helle Inlett des Schlafsacks und erstarrte: Was für eine Sauerei!

*Falls der Typ, dessen Schlafsack ich mit dem Blut meiner Entjungferung rettungslos versaut habe, dies jetzt liest: SORRY!

Auf dem Rückweg schwieg ich – zum Herumalbern war mir irgendwie die Lust vergangen.

Ich wollte allein sein.

Und beten ...

Peter hatte kein Kondom benutzt.

Auf halber Strecke blieb er plötzlich stehen.

„Sag mal – was ist eigentlich mit dir los? Bist du jetzt eingeschnappt oder was?"

„Nö. Alles okay!", flüsterte ich und meine Unterlippe begann zu zittern.

„Du hältst mich jetzt sicher für ... aber für mich war es irgendwie ... nicht so ... schön. Tut das eigentlich immer so weh? Und dieses Blut ...?"

„Das kann doch wohl nicht wahr sein – sag mal, warst du etwa noch ...?" mitfühlend nahm er mich in den Arm.

Ich nickte. Und sagte mit brechender Stimme:

"... hoffentlich bin ich jetzt nicht schwanger, nä?"

Peter blieb stumm.

Nach einer Weile räusperte er sich und sagte: „Scheiße."

Und nach einer weiteren Weile: „Ich dachte, du nimmst die Pille – weil du nichts gesagt hast, als ich ..."

Am nächsten Tag sah ich die Sonne also „als Frau" aufgehen – zumindest hatte ich nun erstmal die Sorgen einer Frau ... hektisch sprang ich aus dem Bett und zog mich an. Wenn ich mich beeilte, könnte ich Ina noch erwischen, bevor sie zur Arbeit ging – die würde vielleicht Augen machen: Ich hatte jetzt endlich auch mal ein ERWACHSENES Problem!

Ina riet mir, die nächsten Wochen bis zu meiner Menstruation erst einmal abzuwarten. Und falls ... sollte ich mir unbedingt einen Gynäkologen suchen, der mir die „Pille danach" geben würde.

Na, die hatte gut reden – ich nahm ja noch nicht einmal die Pille DAVOR!

Und beim Gynäkologen war ich auch noch nie gewesen.

Die nächsten Wochen über wurde ich tief religiös: Büddebüdde, lieber Gott, mach, dass ich am Dreiundzwanzigsten meine Tage kriege: Büddebüdde!

Einmal besuchte ich sogar nachmittags unangemeldet Peter im SCHÜTZENHAUS – er hatte mir erzählt, dass er seit Kurzem im Obergeschoss des Hauses ein Zimmer gemietet hatte, nachdem ihn sein Vater – der evangelische Pfarrer der Gemeinde Süd – nach einem Streit vor die Tür gesetzt hatte.

Der Barkeeper Bernd, ein Typ wie ein Bär, mit dem Peter dort zusammen hauste, öffnete mir die Tür und starrte mich verwundert an. Dann weckte er Peter, der noch auf seinem Matratzenlager auf dem Boden pennte. Danach verschwand er diskret, was ich sehr einfühlsam von Bernd, dem Bären, fand.

Das Zimmer und Peter waren in einem desolaten Zustand – und dieser „Son Of A Preachermen" sollte nun der Vater meines Kindes werden? Ich war entsetzt: Hier musste DRINGEND mal geputzt werden!

Statt dessen zog mich Peter direkt auf seine Bettstatt: Er wolle mir beweisen, dass Sex auch ganz toll ...

„Bist du bescheuert ...?" keifte ich hysterisch, „... und wenn ich nun schwanger bin?"

„Dann ..." sagte er und küsste meinen Hals, „... kann ja erst recht nichts passieren, nicht wahr?"

Es passierte auch nichts – der Dreiundzwanzigste kam und Gott sei Dank auch meine Periode.

Aber die nachmittäglichen Besuche im SCHÜTZENHAUS wurden mir über viele Monate zur lieben Gewohnheit: Gleich nachdem ich Feierabend hatte, zog ich los – etliche Putzutensilien in den Taschen. Während Bernd und Peter für das SCHÜTZENHAUS unterwegs waren und Getränke oder Platten kauften, schrubbte ich ihre Waschbecken, wusch ihr schmutziges Geschirr ab, feudelte ihr Zimmer feucht durch, reinigte und desinfizierte ihr Klo, nahm ihren Kamm aus der Butter, angelte ihre alte Pizzakartons unter Schränken und zog von ihnen geöffnete Fischkonserven unter Sesseln hervor, bezog Peters Bett, schwang eine mitgebrachte Tischdecke über den Tisch, leerte ihre Aschenbecher und stellte eine Vase mit frischen Blumen auf den Tisch.

Bernd war jedes Mal ganz aus dem Häuschen vor Freude, wenn sie zurückkamen ...

Peter schenkte meinen hausfraulichen Bemühungen eher wenig Beachtung, rasierte sich ungerührt, sprühte sich „BAC for men" unter die Achseln und zog sich für seinen Job als Diskjockey um.

Im SCHÜTZENHAUS war jetzt mittwochs, freitags, samstags und sonntags Disco. Seitdem der Besitzer seinen Söhnen den Laden verpachtet hatte, war die gesamte Bestuhlung entfernt und mit Möbeln vom Sperrmüll eingerichtet worden. Es entstand ein Wohnzimmer-Ambiente wie bei Oma: Alte, plüschige Sofas und Sessel, Nierentische – dazu prangten an den Wänden Poster von Jimmy Hendrix, Che Guevara, Joan Baez, Bob Dylan ... Das entsprach so ganz dem Geschmack der 70er Rockszene: Retro gemischt mit Flower-Power-Psychedelic-Rock-Stil.

Auf die Tanzfläche ging man, wenn man „Bock dazu" hatte. Dort tanzte man überwiegend allein und schüttelte die Wallemähne im Freestyle. Diesen Tanzstil gaben die coolen Typen aus den umliegenden Großstädten vor, die am Wochenende oder an den Semesterferien in ihre Elternhäuser zurückkehrten und dann ihre Aggressionen über diese Familienzusammenkünfte im SCHÜTZENHAUS abreagierten. Wir bestaunten sie mit offenen Mündern, wenn sie uns von den Festivals vorschwärmten, bei denen sie gewesen waren, von den Szene-Kellern in Göttingen und Hannover, in denen nur Hardrock, Jazz, Soul oder Synthesizer-Musik gespielt wurden.

Peter war ein super Disc Jockey. Er legte von allem etwas auf und traf oft genau die richtige Mischung: Von Santana über Moody Blues, Uriah Heep, Deep Purple zu den Bee Gees ...

Während des Abends konnte man bei ihm am Mischpult Platten bestellen. Damit er die auch auflegte, wurde er von den Mädels oft heftig angeflirtet – die Jungs stellten ihm dafür einen Drink hin.

Ich saß meistens an der Bar nahe seinem Mischpult und beobachtete das Geschehen – und „meinen" Peter. Von Bernd wurde ich mit Gratisdrinks versorgt – als Dankeschön für meine Putzdienste – und wenn mal nicht so viel zu tun war, unterhielt er sich mit mir. Im Laufe der Zeit wusste ich mehr über Bernd als von meinem Freund.

Eines Abends guckte Bernd dermaßen belämmert aus der Wäsche, wollte aber einfach nicht mit der Sprache herausrücken. Peter war an diesem Abend bei seinen Eltern – irgendeine Familienfeier, auf der man sich versöhnen wollte ...

Einige Drinks später bedrängte ich ihn: „So, Bernd, nun sprich mal Tacheles: WAS IST LOS?"

Bernd sah mich an wie ein waidwunder Bär.

„Äh ... wie soll ich`s sagen? Du weißt, ich mag dich echt gerne, nä?"

„Und?"

„Äh ... und es geht mich ja eigentlich auch gar nichts an ..."

„Weiter?"

„Ja, ähm ... also, ich finde das einfach nicht fair, dass du nicht weißt, dass ..."

„Dass WAS?"

Bernd rieb seit etlichen Minuten ein und dasselbe Glas trocken.

„... dass der Peter ein Kind hat."

Ich erstarrte.

Bernd knallte das Tuch auf den Tisch und schenkte mir einen ASBACH ein: "Trink erstmal!"

Ich kippte das Glas auf ex und Bernd schenkte mir sofort nach.

Und während im Hintergrund „Sweet Child In Time" lief, rückte Bernd mit der ganzen Wahrheit raus: Vor einigen Jahren hatte Peter – kurz vor seinem Abitur – eine siebzehnjährige Mitschülerin geschwängert. Als das herauskam, hatte es endlose Debatten seiner und ihrer Eltern gegeben. Ihre Eltern hatten für eine Abtreibung in Holland plädiert, seine Eltern aus religiösen Gründen für die Austragung. Als sich dann herausstellte, dass die Schwangerschaft des Mädchens schon zu weit fortgeschritten gewesen war, hatte sie die Schule verlassen müssen.

Peters Eltern hatten dann darauf bestanden, er solle wie geplant sein Abitur machen – um dann so schnell wie möglich das Mädchen zu heiraten, eine Lehre zu machen und seine kleine Familie zu unterstützen. Sein Vater hatte die Sache erstmal nicht publik machen wollen – als Pfarrer hatte er mit Schwierigkeiten rechnen, wenn die Gemeinde das erfuhr ...

Doch Peter wollte nicht.

Er wollte weder das Abi machen noch das Mädchen heiraten – stattdessen hatte er bezweifelt, ob das Kind überhaupt von ihm war.

Seitdem hatte er mit seinem Vater im Clinch gelegen. Der hatte das Mädchen finanziell unterstützt und den Kontakt zu den Eltern gehalten – obwohl sie Peter für immer untersagt hatten, dort noch einmal aufzulaufen. Gleich nach der Geburt hatten sie dafür gesorgt, dass Peter in Zukunft keine Besuchsrechte für sein Kind – natürlich war es seins – geltend machen konnte.

Es war ein Mädchen. Inzwischen sechs Jahre alt ...

Bernd stellte mir wieder ungefragt einen ASBACH hin und sah mich mitleidig an. Und da er gerade dabei war, mir meine Kleinmädchen-Vorstellungen über „meinen" Peter zu zertrümmern, fügte er noch hinzu: „... und heute Abend ist Peter übrigens nicht bei seinen Eltern – sondern mit der Sonja zusammen ..."

Den Rest hörte ich gar nicht mehr.

Mir wurde schlecht.

Sonja war die kleine Schwester von Isabel – und gerade mal Sechzehn!

Ich musste erstmal an die Luft!

Es war noch sehr früh am Abend, als ich tränenblind nach draußen wankte. Einige Gäste, die auf der breiten Eingangstreppe saßen, rückten schnell zur Seite, als sie mich sahen. In ihren besorgten Blicken sah man, dass sie hofften, ich würde es noch bis zu den Büschen schaffen.

Als ich den Knallerbsenstrauch mit ASBACH gedüngt hatte, reichte mir jemand ein Taschentuch. Es war Bernd.

Nachdem ich meinen größten Kummer an Bernds behaarter Brust ausgeweint und eine Packung Tempos geleert hatte, sagte er leise: „Der ist es nicht Wert, glaube mir ... du solltest dir einen suchen, der dich verdient hat ...", und dabei sagten seine Augen: Einen, wie mich!

Ich bat ihn um seinen Zimmerschlüssel. Erst wollte er den nicht herausrücken, dann musste ich ihm fest versprechen, keinen Unsinn, sondern mich nur schnell etwas frisch zu machen.

Oben angekommen, wusch ich mir das Gesicht, spülte mir den Mund aus und schaute in den Spiegel. Leider war der genau auf Peters Bett ausgerichtet – „unser" Bett:

Monatelang nur betrogen und verarscht ...!

Jetzt sollte dieser Jungfrauen-Stecher doch mal sehen, was für eine im Grunde rachsüchtige Person ich doch war!

In drei Sekunden war das Bettzeug, das ich ihm zum Geburtstag geschenkt hatte, abgezogen und in meine Tasche gepackt. Eine geöffnete Tüte Paprika-Chips verstreute ich auf seiner Matratze. Danach füllte ich Öl aus einer Dose Makrelen in sein „BAC-Duschgel for men", griff mir seinen Rasierschaum „BAC sensitiv" und sprühte ihn gleichmäßig über das Bettzeug. Dann griff ich sein Seidenhemd, das über dem Stuhl hing, und schnitt sämtliche Knöpfe ab. Den Kaffeesatz aus dem Filter schüttete ich in seine Schuhe. Anschließend versenkte ich seine Schnürsenkel im Klo und zog gründlich ab. Und da ich gerade mal dort war, tunkte ich seine Zahnbürste tief in die Toilettenschüssel und machte den Abfluss noch mal gründlich mit DOMESTOS sauber. Danach stellte ich sie wieder in sein Zahnputzglas und schloss für immer die Tür hinter mir.

IV. WILD THING ...!

Ina und ich beschlossen, uns nie wieder zu verlieben. Unseren Ex-Lovern wollen wir möglichst nicht mehr über den Weg laufen – sondern nur noch raus aus diesem miefigen Einbeck! Uns erschien hier alles so eng, klein und beschränkt.

Jedes Wochenende machten wir uns mit dem Bus nach Northeim auf, wo es eine größere Disco als das Schützenhaus gab. Praktischerweise wohnten unsere älteren Schwestern jetzt in der nahegelegenen Kreisstadt. Beide waren noch in der Lehrzeit schwanger geworden und hatten im Eiltempo ihre Freunde geheiratet – noch bevor die Nachbarn mitbekommen konnten, dass sie heiraten „mussten".

Ina hatte sich immer gut mit ihrer älteren Schwester

verstanden – vermutlich, weil sie nur drei Jahre auseinander waren. Meine Schwester, die acht Jahre älter als ich war, hatte mich mein Leben lang spüren lassen, was für ein „dummes Huhn" ich doch im Vergleich zu ihr war.

In der Enge unseres Elternhauses waren wir ein erbittertes Streitorchester gewesen – nun herrschte zwischen uns eitel Sonnenschein: Durch den Auszug meiner Schwester hatte ich endlich ein eigenes Zimmer und sie ihre IKEA-Wohnung, in der vom SÖREN-Sofa bis zum SMOLAND-Regal alles wie aus dem Katalog aussah. Sie hatte inzwischen einen süßen, kleinen Jungen zur Welt gebracht und ich bewunderte sie offen dafür. Und ich bedauerte sie heimlich – weil sie seitdem von meinem Schwager finanziell komplett abhängig war. Für meinen Geschmack hatte sie sich nicht „befreit", sondern eine Abhängigkeit gegen eine andere getauscht.

Inas Schwester, die trotz Kind weitaus „flippiger" unterwegs war als meine, nahm uns mit ihrem VW-Bus mit zu einem Festival in Langelsheim. Es war zwar nicht „Woodstock", doch einige unserer Lieblingsbands, die aus dem Fernsehen oder von ihren Platten her kannten, traten dort live auf. Wir erlebten ein „Happening" der besonderen Art: Ein fröhliches und unbekümmertes Miteinander ohne den Zwang zur Anpassung.

Trotz der Menschenmassen verlief alles friedlich – vermutlich, weil Hundertschaften junger Menschen, die hier drei Tage zusammen verbrachten, die meiste Zeit über betrunken oder stoned waren – versorgt von Typen, die mit Bauchläden über den Platz bummelten und ihre Ware anpriesen: „Shit, Trips ...!"

Zwischen Schallplatten- und Bücherständen warben Amnesty International, Anhänger des Baghwan Shree Rajneesh, Atomkraftgegner, Hare-Krishna-Sänger, die Hells Angels, Kommunisten und Jesus-People einträchtig nebeneinander um Mitgliedschaft: Wenn Jesus lebte – dann hier auf diesem Pop-Festival!

Man gab sich grenzenlos tolerant: Alles war erlaubt – es musste nur möglichst auffällig, abgefahren und individuell sein. Hier konnte man handgearbeitete marokkanische Sitzkissen, indische Saris und türkische Kaftans kaufen, Shitpfeifen, Räucherstäbchen und alles, was das Kifferherz begehrte.

Die Fressbuden lagen gleich neben den Toiletten, und hier waren nicht nur Menschentrauben versammelt – vermutlich auch jede Art von harmlosen bis ansteckenden Keimen. In eines der Massenzelte schauten wir nur interessehalber mal hinein – so eine miefige, versiffte Unterkunft, in der es in der Mittagshitze nach Alkohol, Räucherstäbchen und Urin stank, war nichts für uns – da wollten wir lieber nachts noch nach Hause fahren.

Der Höhepunkt des Samstagabend sollte GENESIS sein. Als sie mit drei Stunden Verspätung endlich anfingen, zu spielen, taten uns die Beine bereits vom Stehen weh. Von den Gerüchen der Räucherstäbchen, Bratwurstbuden und Hasch-Zigaretten wurde uns langsam kotzübel, und unsere Zwerch- und Trommelfelle wurden durch die Riesenboxen, an denen wir uns platziert hatten, ordentlich ins Schwingen gebracht. Die Zeit verging wie im Fluge und wir hätten GENESIS noch die ganze Nacht über zuhören können, als nach einer letzten Zugabe Peter Gabriel ans Mikro trat und den letzten Künstler des Abends ansagte: „... and now, listen to the Godfather of playing Sitar: Ravi Shankar!"

Als ein barfüßige Inder im Sari die Bühne betrat, uns ehrerbietig mit „Namaste" begrüßte und dann im Schneidersitz auf den Boden setzte, wussten nur wenige Eingeweihte, was folgen würde – die meisten von uns hatten seine seltsam anmutende Langhalslaute noch nie gesehen. Einige vermuteten wohl eine langweilige Folklore-Darbietung und verließen den überdachten Platz.

Als jedoch die ersten Klänge ertönten, wurde es mucksmäuschenstill und das Publikum begann, sich ebenfalls zu setzen oder am Boden zu lagern. Selbst die übermüdeten, aufgekratzten Kinder hörten auf zu greinen und ließen sich zu den sanften Klängen in den Schlaf schaukeln.

Mir war, als transportiere diese Musik eine persönliche Botschaft für mich, die meine Seele öffnete und Empfindungen auslöste, die ich verdrängt hatte. Eine geheime Sehnsucht wurde wieder spürbar: Meine Sehnsucht nach Ganzheit, Bewusstheit und Schönheit. Darunter lagen tief verborgen Traurigkeit, Hilflosigkeit, Resignation und Zweifel, dies niemals in mir oder in meinem Leben finden zu können. Ravi Shankar erschien mir so ... schön. Er war mit Abstand der Älteste in diesem Zelt – auch der Nüchternste – und strahlte eine fast überirdische Konzentration und Meisterschaft aus, die mich so anrührte, dass es mir die Tränen in die Augen trieb.

Nach seinem Auftritt war ich nicht mehr dieselbe. Nie zuvor war ich von einem Menschen und dem, was er vermittelte, so tief innerlich berührt und aufgerüttelt worden. Nicht einmal mit Ina konnte ich darüber sprechen.

Auf der Rückfahrt tat ich, als ob ich schlief, in Wahrheit aber grübelte ich: Alles in meinem Leben lief in die falsche Richtung. Als Zahnarzthelferin würde ich es wohl nie zu einer „Meisterschaft" bringen – hatte mich diese Lehre jemals interessiert? Ich mochte den Umgang mit Menschen – der kaufmännisch-medizinische Teil interessierte ich mich nur mäßig. Zum Leidwesen meines Chefs ... Mein Zuhause war kein heimeliger Ort: Mutter und Oma fühlten sich vom Schicksal bestraft und waren auf ihre persönlichen Verluste fokussiert. Sie hielten an ihrer Opferrolle fest, statt Trauerarbeit zu leisten, sie konkurrierten und agierten gegeneinander, statt sich gegenseitig den Rücken zu stärken und zu trösten. In meinem Elternhaus wurde nur getrauert und „überlebt" – selten gelebt. Meine ersten Liebesbeziehungen erschienen mir wie eine Aneinanderreihung von Enttäuschungen – als hätte man sich im Urwald verirrt und dann endlich jemanden gefunden. Doch das war meistens kein Grund zur Freude – man war höchstens zu zweit verirrt ...

Ich lebte nur für das Wochenende, dann trank ich mir die Welt kompatibel. Meinen Freunden schien es ähnlich, manchen aber noch schlimmer zu gehen. Die meisten soffen und nahmen regelmäßig Drogen. Die Dealer standen längst nicht mehr nur an der Disco – sondern inzwischen auch an den Schulhöfen. Viele ehemalige Kiffer nahmen inzwischen „Trips" und waren tagelang „high" – oder ausgeflippt, wenn` s schlimm kam. Einer unserer Freunde – ein netter, stiller Junge – war mit einer drogeninduzierten Psychose in der Klapse gelandet. Und ein „wildes" Mädchen aus dem SCHÜTZENHAUS hatte betrunken und bekifft ihr Moped frontal an einen Baum gefahren. Sie starb noch am Unfallort ... Wo lag bloß der Sinn in meinem und dem Leben anderer?

„The answer, my friend, is blowing in the wind; the answer is blowing in the wind ..."

Eines Tages traf ich jemanden, der ebenfalls mit Fragen dieser Art beschäftigt war. Er saß auf einer Bank im Stukenbrock-Park und las Hesses „Goldmund und Narziss". Auf der gegenüberliegenden Bank saß ich, vertieft in „Yoga für Menschen von heute", das ich gerade in der Stadtbibliothek geliehen hatte. Schon durch die Wahl unserer Literatur hielten wir uns gegenseitig für außerordentlich interessant und lugten immer wieder über den Rand unserer Lektüre hinweg zum anderen hinüber. Endlich bot er mir aus einer goldenen Packung eine „Benson&Hedges" an und reichte mir sein ebenfalls goldenes Feuerzeug. Er hatte halblanges, schütteres, blondes Haar. Sein schlanker, athletischer Oberkörper lugte aus einem bis zum Bauchnabel geöffneten Batikhemd mit Fledermausärmeln hervor.

Auf spärlicher Brustbehaarung ruhte ein Goldkettchen mit Kreuz. Er trug hautenge Schlaghosen und Plateauschuhe: eine Mischung aus Uwe Seeler und Junge vom Bahnhof Zoo ... Zu meiner Erleichterung stellte sich heraus, dass nur das „Uwe" stimmte ...

Ich selber trug einen Maxi-Tweed-Rock, der mir bis zu den Knöcheln ging, dazu eine weiße, hochgeschlossene Rüschenbluse, Schnürstiefelletten mit hohen Absätzen und einen selbstgehäkeltes Dreieckstuch. Mir fehlten nur noch Schirm, Hut und Tasche, dann hätte ich als „Mary Poppins" durch den Park schweben können ...

Mit Uwe konnte ich wunderbar über Gott und die Welt reden und der Nachmittag verging für mich wie im Fluge. Anschließend schlenderten wir Richtung Innenstadt, und nachdem wir die Eisdiele und dann die Bratwurstbude besucht hatten, konnten wir uns noch nicht trennen. Während wir uns über makrobiotisches Essen, Musik und Malerei unterhielten, schlossen die Geschäfte, eins nach dem anderen.

Uwe wollte mich in die „Tangente" einladen. Ich mochte diesen neuen Laden nicht besonders, der seit kurzer Zeit dem Schützenhaus Konkurrenz machte. Mit Türstehern, Eintritt, Verzehrzwang und Billigpuff-Ambiente: Sitznischen aus rotem Kunstleder und Discokugel über der Tanzfläche ...

Aber heute war ein Wochentag, da wurde schon um 19 Uhr geöffnet und wir kamen wenigstens gratis herein ... und waren die ersten und einzigen Gäste. Wie gemütlich!

Zwei Stunden später war der Laden voll – uns war das inzwischen egal, weil wir in eine Debatte über alternative Lebensformen verwickelt waren. Uwe wollte so schnell es ging zuhause ausziehen. Mit seinem besten Freund Helge und anderen wollte er eine „WG" gründen – man suchte nur noch nach einem geeigneten Objekt ...

Dann erzählte er mir von seiner Kindheit.

„Ich bin in der Südstadt aufgewachsen ..."

„Verstehe."

„Ich weiß schon, was du jetzt denkst: Soziales Abseits und so, nä?"

„Willst du eine höfliche Antwort oder eine ehrliche?"

„Ne ehrliche!"

„Na, wenn es nicht gerade die Baracken sind ..."

„Doch ..."

„Echt?"

Ich war sprachlos.

An den heruntergekommenen Häusern ohne Vorgärten und Klingelschildern, in denen im Sommer der Strom und im Winter die Heizung abgestellte wurde, wenn die Mieter in Zahlungsschwierigkeiten waren, ging man besser schnell vorbei, wenn man sich da schon aufhalten musste ...

Sein „Alter", wie Uwe seinen Vater nannte, war in den 50er Jahren mit seiner Familie aus Polen ausgewandert und über Göttingen-Friedland nach Einbeck gekommen. Hier hatte er auf dem Bau gearbeitet, Uwes Mutter kennengelernt und sie als Siebzehnjährige geschwängert. In rascher Folge hatte er der jungen Frau ein Kind nach dem anderen gemacht, das Geld oft versoffen und verspielt. Wenn es dann nichts mehr zu essen gab, hatte er seine Frau zu seinen Saufkumpanen geschickt, „um die Haushaltskasse aufzubessern". Und wenn sie nicht wollte, hatte es eine Tracht Prügel gegeben ...

„Mein Alter ist ein Tyrann – und meine Mutter ist dem irgendwie hörig. Das verstehe, wer will – ich tu`s jedenfalls nich`!"

„Ist für dich sicher nicht einfach, stimmt`s?"

„Nicht einfach? Harrr, harrr – wenn man seine Mutter vor diesem besoffenen Arschloch beschützen will und selber halb tot geprügelt wird ...? Nee, da haste Recht, das is` nich`so einfach ...!"

Oha. Was sollte ich dazu sagen? Bis jetzt hatte ich nicht viel mit polnischen oder russischen Familien zu tun ...

Seit dem dritten Reich hatten sie auch in unserer verschlafenen Stadt am Rande des Harzes einiges zu erleiden gehabt: Von den Einheimischen sind sie systematisch ausgegrenzt, kriminalisiert und an den Rand der Gesellschaft gedrängt worden. Wer „Kowalski, Nowak oder Michalek" hieß, seine Kinder „Janosch, Hans-Alfons, Olga oder Magdalena" nannte, hatte in unserer kleinen Stadt einen schweren Stand.

Den unrühmlichen Teil unserer Stadtgeschichte im „Dritten Reich" hatten unsere Lehrer lieber übersprungen und unsere Eltern hatten sich darüber ausgeschwiegen: Dass russische und polnische Kriegsgefangene den Betrieb der Fabriken und die Landwirtschaft mit am Laufen gehalten hatten – auch im beschaulichen Harzer und Sollinger Umland hatte es Arbeitslager gegeben ...

Wer die überlebt hatte, durfte nach dem Krieg bleiben – in neu eingerichteten „Unterkünften". Später kamen die Russlanddeutschen und Deutsch-Polen dazu, die geflüchtet und im Lager Friedland bei Göttingen landeten. Die Einheimischen hatten sie höhnisch „Beuteldeutsche" genannt – weil sie nichts hatten, als das, was sie mit sich trugen. In den 50er Jahren des Wiederaufbaus und den 60er Jahren des Wirtschaftswunders hatte man die „Pollacken" und „Russkis" als Arbeitskräfte gut gebrauchen können – als Nachbarn aber waren sie bis in die 70er Jahre nicht gern gesehen und selten willkommen.

Dieser Uwe mit seiner deutsch-polnischen Geschichte weckte ein Bündel von Emotionen in mir. Er faszinierte mich, weil er sich für so vieles interessierte und dennoch durchs Leben kämpfen musste. Sein familiärer Hintergrund schreckte mich und die soziale Ausgrenzung, unter der Uwe deswegen sein Leben lang zu leiden hatte, machte mich wütend.

Nachdem ich uns einen ASBACH-Cola geordert hatte, beschloss ich, endlich mal aktiv zu werden und auch mein Scherflein zur deutsch-polnischen Verständigung beizutragen: Ich küsste einen, der mit Nachnamen „Kowalski" hieß ...

In den folgenden Monaten half ich Uwe dabei, eine eigene Wohnung zu finden.

Nachdem ich seine Eltern kennengelernt hatte, bei denen er und seine Brüder in der Innenstadt wohnten, verstand ich ihn noch besser. Sein „Alter" thronte feist im Schiesser Feinripp und Jogginghosen in seinem Sessel und trank Schnaps, Uwes platinblonde Mutter saß auf dem Sofa daneben, dümmlich kichernd. Die Wohnung wirkte immer düster, weil die Wohnzimmer-Jalousien meistens heruntergelassen waren. Obwohl die Zimmer der Jungen groß waren, wurden sie im Winter nur selten beheizt. Sie hatten nur einen kleinen Ofen zur Verfügung und mussten für Kohle und Holz selber sorgen. Aber die Küche war für mich DER Hammer: Mit einer Riesenkette samt Vorhängeschloss war der Kühlschrank abgesperrt. Als der „Alte" vom Wohnzimmer aus beobachtete, wie ich in der Küche stand und seinen Kühlschrank anstarrte, war ihm das wohl peinlich, denn er rief: „... sonst fressen einem die Burschen noch die Haare vom Kopf, nä?"

Komisch, die Jungs waren alle gertenschlank. Nur der Alte passte kaum in seinen Sessel ...

Ich musste Uwe beipflichten: Hier sollte er nicht länger leben müssen!

In seinem Zimmer saßen wir oft gemeinsam auf dem Boden, neben dem präparierten Löwenkopf mit Fell, den ich „Leo" getauft hatte – ein Erbstück von Uwes Opa, der beim Zirkus gearbeitet hatte – und sichteten die Annoncen in der Zeitung. Wir wurden oft fündig. Einige Male wurde

Uwe von den Vermietern wegen seines Nachnamens abgelehnt – hier kannte eben jeder jeden. Und es war stadtbekannt, dass der „Alte" seit einiger Zeit eine berüchtigte Kneipe betrieb: direkt gegenüber vom Gefängnis ...

Doch eines Tages hatte Uwe Glück und bekam ein Zimmer zur Untermiete bei einer älteren, verwitweten Dame. Die hatte eine alte Boxerhündin, die aus der Pelle zu platzen drohte und permanent sabberte. Und die Vermieterin hatte etwas gegen „Damenbesuche" – in diesem Falle gegen mich. Trotzdem besuchte ich Uwe so oft ich konnte und machte auch keinen Hehl daraus, dass ich dabei auf den Sabber der alten Hündin gerne verzichten konnte.

Bei Uwes beste Freunden, Helge und Jörg, war ich auch nicht gerade willkommen. Ich vermutete, dass sie mich als Konkurrenz und potentielle Gefahr für zwei Unternehmen sahen, die sie mit Uwe gründen wollten: eine Wohngemeinschaft und einen Antiquitätenhandel, mit dem sie sich selbständig machen wollten.

Uwe jobbte, seitdem er die Schule ohne Hauptschulabschluss verlassen und eine Lehre als Maler abgebrochen hatte, als Fensterputzer bei der Firma Heinrichs. Der Chef hatte sich vor allem als berühmt-berüchtigter Sammler und Händler von Trödel und Antiquitäten einen Namen gemacht. Durch seinen Job kam er viel herum, und da er ein kommunikativer Mensch war, der mit jedem ins Gespräch kam, bekam er auch oft als erster mit, wenn es bei gutbetuchten Leuten zu Haushaltsauflösungen, Insolvenzen oder Todesfällen kam. Er war dann stets der Erste, der vorab privat gesichtet, ausgewählt und Verkaufsgespräche geführt hatte – bevor andere Interessenten die Sachen zu Gesicht bekamen. Und da er sich im Laufe der Zeit auch ein gutes Auge für den Wert alter Möbel angeeignet hatte, die er von seinem Sohn oder dessen Freunden aufarbeiten ließ, hatte er es mit der Zeit zu einer tollen Villa mit ausgesuchten Antiquitäten gebracht ... So mancher Einheimische neidete ihm die – und bald stiegen die Preise, sobald der Name „Heinrichs" fiel. Deshalb schickte er lieber seinen fleißigen Mitarbeiter Uwe über die Dörfer – Dachböden und Keller zu begutachten. Viele ältere Damen steckten dem netten jungen Mann für den Abtransport ihres schönen, gut erhaltenen Sofas aus den 20ern oder ihres Küchenschrankes mit selbstgehäkelten Scheibengardinen noch einen Schein zu. Wenn die geahnt hätten, was der andernorts damit verdiente ...!

Eines Tages sprach die Vermieterin Uwe direkt auf „einen Missstand" an: Mich.

„Die „junge Dame" ist ja nun fast täglich bis spätabends da – so habe ich mir das aber nicht vorgestellt! Ursprünglich wollte ICH ja ein wenig „Gesellschaft" im Hause – ich dachte, wir würden abends mal zusammen fernsehen, Herr Kowalski ...!"

Das reichte, um das Projekt „Wohngemeinschaft" voranzutreiben. Da alle drei Freunde volljährig waren und feste Jobs vorzuweisen hatten, konnten sie – mit Fürsprache von Helges Vater – schon bald eines der Fachwerkhäuser aus der Jahrhundertwende am Hubeweg anmieten. Es gab drei Hauptmieter – zwei weitere Freunde wollten als Untermieter die erste und zweite Etage nutzen.

Wie ein Lauffeuer sprach sich das in einschlägigen Kreisen vom Schützenhaus bis zur Tangente herum und kaum, dass die drei ihre Zimmer im Erdgeschoss renoviert hatten, lief schon die erste Fete ...

Und das blieb auch so. Wer Bock auf Party im kleinen Kreis hatte, eine kostenlose Übernachtungsmöglichkeit in der Stadt suchte, nichts zu Essen hatte, zu Hause rausgeflogen war, Langeweile hatte oder nur mal ganz in Ruhe und gepflegt einen Joint rauchen wollte, klingelte in der „Kommune" – irgendjemand öffnete immer. Und wenn es nur jemand war, der auch nur zu Besuch war ...

Uwe bewohnte in der unteren Etage zwei riesige Zimmer mit Stuckdecken – da noch Sommer war, kam der Schock mit den Heizkosten erst ein paar Monate später ...

Seine Freunde nahmen mich mit der Zeit in Kauf – waren aber grundsätzlich der Meinung: „Wer zweimal mit der Gleichen pennt, gehört schon zum Establishment!" Das fand ich genau so chauvinistisch wie die Meinung der Spießbürger, von denen sie sich immer abgrenzen wollten: Jungs sollen sich erstmal ihre „Hörner abstoßen", bevor sie sich eine „feste" Freundin anschaffen ... und ähnliches. Ich hielt moderat feministisch dagegen. Mehr aus Prinzip als aus Überzeugung:

„Das ist ja alles schön und gut, Jungs – aber nachdem die Frauen die Pille nehmen, hat sich die sexuelle Ausbeutung durch den Mann vergrößert. Nicht nur wir Frauen haben durch die Pille mehr „Freiheiten" bekommen – sondern auch die Männer. Und für meinen Gusto waren die eigentlich schon ausreichend „sexuell befreit", nä?"

Es ärgerte mich, dass viele junge Männer Sex „konsumierten" und dazu Frauen bevorzugten, die sich danach problemlos „entsorgen" ließen. Diese Form von „Fick-and-go-Mentalität" sagte mir überhaupt nicht zu. Vielleicht entsprach das, was in Softporno-Filmen, die in allen Kinos permanent gezeigt wurden, tatsächlich männlichen Sexphantasien – aber weder meine Freundinnen noch ich liefen den ganzen Tag notgeil wie Nachbars Lumpine im String herum, auf der Suche nach einem „Stecher", der es uns mal so „richtig besorgen" konnte. Uns ging es eher auf den Keks, dass Männer, die erst penetrant auf sexuellen Vollzug gedrängt hatten, hinterher umso schneller aus unseren Umarmungen flüchteten. Die meisten von uns sehnten sich nach einem festen Freund, den sie gut kannten, vertrauten, und mit dem sie auch außerhalb des Bettes noch etwas verband. Uwes Freunde nannten mich deshalb „spießig". Wer allerdings nie wirklich Stellung bezog oder eine eigene Meinung vertrat, war Uwe. Bei unseren hitzigen Debatten war er höchstens anwesend und stimmte mal seinen Freunden, mal mir zu. Sein Interesse an der Emanzipation schien wesentlich geringer zu sein als das, womit er sein Shit-Pfeifchen stopfte ...

Auch seine Freizeitinteressen waren überschaubar. Wenn er nicht gerade in Sachen „Antiquitäten" unterwegs war, malte er. Seine Bilder waren ... interessant. Ein Kunstkenner hatte mir einmal geraten, wenn ich bei einem Bild nicht wisse, was ich davon halten solle, wäre „interessant!" ein guter Ausweg. Uwes Bilder bestanden aus psychedelischen Paisleymustern und surrealen Darstellungen sich verformender Alltagsgegenstände wie bei Dali und Weltuntergangs- und Höllenphantasien, die an Hieronymus Bosch erinnerten ...

Einerseits wollte ich Uwes künstlerische Ambitionen unterstützen – andererseits war ich mir nicht sicher, ob ich es tatsächlich mit einem „Künstler" oder einem „Spinner" zu tun hatte. Schließlich war Uwe beim Malen regelmäßig bekifft oder betrunken – manchmal auch beides ...

Uwe war es auch, der mir ständig damit in den Ohren lag, doch einmal LSD zur Bewusstseinserweiterung auszuprobieren, statt immer nur darüber zu urteilen. Er pries mir den „Trip" als absolutes „Must Have" – vor allem für Pärchen – an: Der Sex solle absolut GIGANTISCH sein – habe er gehört ...!

Ich hatte Angst davor, Angst, die Kontrolle zu verlieren – und was dieses Zeug sonst noch mit mir tun würde. Doch Uwe redete mir gut zu: Wenn man psychisch gut drauf sei, habe man es im Griff, wohin die Reise gehe. Man müsse halt nur auf eine harmonische Umgebung achten und dürfe das nur mit Freunden machen, die man gut kenne ...

Bei ihm klang das so harmlos wie eine Einladung zum Grillen: am Spätnachmittag würden wir zusammen mit seinem kleinen Bruder Wolfgang und dessen Freund „einen Trip schmeißen", dann ein paar Stunden nett zusammensitzen, Musik kören, malen, spielen und essen ...

Es fing auch ganz lustig an: gegen 17 Uhr legte jeder von uns etwas, das aussah wie Löschpapier, auf seine Zunge – dann bauten wir auf dem Teppich miteinander ein Spiel auf, bei dem man würfeln, malen und lustige Fragen beantworten sollte. Nach einer halben Stunde war immer noch nichts Spektakuläres mit mir geschehen. Allmählich entspannte ich mich. Wahrscheinlich wirkte dieses Zeug bei mir ebenso wenig wie das Kiffen – ich hatte es nur einmal vorsichtig probiert und nichts gespürt. Das erzählte ich Michelangelo neben mir, der mich an irgendjemanden erinnerte ... Richtig: Der Typ sah ein bisschen aus wie Uwe! Darüber mussten beide lachen – weil sie sich einen Mund teilten. Das fand ich von den beiden supernett.

Ich fand überhaupt alle sehr nett und wurde geradezu euphorisch, dass ich hier mit so SUPERnetten Leuten zusammen sein durfte!

Die junge Frau mit den langen, schwarzen Haaren, die mir gegenübersaß, kratzte sich am Bart und grinste mich an. Wer war die überhaupt? Machte die sich etwa über mich lustig?

Wir spielen und spielten und die Regeln wurden für mich immer komplizierter. Ich musste höllisch aufpassen, beim Würfeln nicht in das Brett hineinzufallen. Vielleicht erging es mir dann wie Alice im Wunderland und ich würde schrumpfen und schrumpfen ... Ich lachte mich über diese Vorstellung kaputt – nur Wolfgang fand das überhaupt nicht komisch. Mit seinen gelben Wolfsaugen fixierte er mich ... Vexierbilder, genau, das waren doch diese Bilder, wo man immer nur das eine oder das andere sieht, aber selten zusammen ... So wechselte jetzt auch dieses Gesicht mir gegenüber: Mal Wolfgang, mal Wolf ... hä, hä, DAS passt ja nun mal: Wolfgang mit den Wolfsaugen ...!

Oder waren das nicht eher die Augen eines ... Ziegenbocks? Wer hatte noch mal Augen wie ein Ziegenbock und Hufe wie ein ...? Sekundenschnell stellten sich mir die Nackenhaare hoch, ich sah mich hilfesuchend nach Uwe um. Doch der schien nicht zu ahnen, dass Satan persönlich mit uns auf dem Flokati saß ... oder ein Werwolf. Und ich wusste jetzt nicht, was schlimmer war ...

„Uwe!" flüsterte ich verzweifelt, „Uweee!" Der Wolf kroch gerade auf allen Vieren zur Stereoanlage und legte „Tubular Bells" auf.

Dann habe ich Szenen aus dem „Exorzisten" noch einmal gesehen. Diesmal jedoch ohne Leinwand ...

Ich muss ziemlich laut geworden sein.

Um mich abzulenken, schleppten mich die Jungs, Michelangelo und die Frau mit den schwarzen Haaren und Bart nach draußen. Stundenlang waren wir unterwegs durchs Treppenhaus, bis sich endlich, endlich eine Türe ins Freie auftat.

Ach Gott! Wie bunt ist doch deine Welt am Abend!

Wenn nur diese Graben zwischen den Platten des Gehsteiges nicht gewesen wären. Ich musste von Platte zu Platte hüpfen, fand das irgendwann zu anstrengend und marschierte auf der Strasse weiter ... Als das erste Auto plötzlich wie ein landendes Raumschiff aus dem Nichts heran donnerte, sprang ich entsetzt in eine der Hecken am Straßenrand.

Endlich erreichten wir den Stukenbrockpark, der in ein Meer von Licht gehüllt war. Ich umarmte die Laternen, die so schön aussahen, und fand plötzlich mein Leben so supertoll, dass ich mich nackt in einer Pfütze wälzen wollte. Mir fiel allerlei Unfug ein, ich wollte über Zäune und Mäuerchen klettern, war aber zu torkelig für diese Unternehmungen ...

Irgendwann hatten die Jungs keine Lust mehr, auf mich aufzupassen. Ich benahm mich zu auffällig und sie beschlossen, nach Hause umzukehren, bevor die Polizei auf uns aufmerksam würde. Uwe war es dann auch, der meinte, es sei wohl besser für mich, wenn ich mich einfach schlafen legte. Er sei ja mit den Jungs gleich nebenan, wenn irgendwas wäre ...

Er wollte mich loswerden. Dieser Mistkerl wollte mich einfach loswerden! Dabei hatte er es VERSPROCHEN, auf mich aufzupassen – stattdessen schaukelte er kichernd wie ein Idiot auf der Bank vor und zurück und sobald ich etwas sagte, wand er sich in Lachkrämpfen ...

Und seine Freunde – warum lachten die eigentlich? Lachten die über mich? Lachten die, weil ich so blöd gewesen war, ihnen zu vertrauen? Wollten die schwarze Frau und Satan eine schwarze Messe mit mir feiern?

Das hier war ein Spaziergang ins Grauen! Mir wurde schwindelig und mein Herz fing wie rasend an zu schlagen. Alles um mich herum bewegte sich so schnell ... und die Bäume nahmen etwas Bedrohendes, Erdrückendes an. Dann war da diese Musik ... woher kam jetzt wieder diese Musik ...?

Als Uwe mich ins Bett gebracht hatte, ging in meiner Schaltzentrale und der chemisch erzwungenen „Happy Hour“ erst so richtig die Post ab: Meine Kleider, die am Schrank hingen, flossen von den Bügeln wie auf einem Bild von Dali. Der Sekundenzeiger meines Weckers dröhnte Schlag für Schlag, an der weißen Raufasertapete tauchten ekelhafte Fratzen auf, die mir Angst machten. Als ich das Deckbett über die Augen zog, hörte ich mein Herz bis zum Hals schlagen ... ich hätte gerne um Hilfe gerufen, aber die anderen im Nebenzimmer waren so weit von mir entfernt wie der Mond.

Ich musste hier bis in alle Ewigkeit liegenbleiben und mich fürchten und ganz alleine verrückt werden ...

***

Die nächsten Wochen war ich dankbar für alles, was den unmittelbaren Kontakt mit Uwe unmöglich machte: Gott sei Dank musste er seinen Wehrersatzdienst antreten – in Hameln. Dort wurde er in einer Krankenhausküche eingesetzt und wohnte als einziger Mann im Schwesternwohnheim: Damenbesuche unerwünscht!

Von dort schleimte er sich wieder bei mir ein, indem er mir seitenlange Briefe schrieb und sich wortreich bei mir entschuldigte. Die Briefkuverts hatte er über und über bemalt, dass sich sogar der Postbote über diese kleinen Kunstwerke freute. Wenn auch das, was Uwe mir schrieb, eine schwärmerische Mischung aus nichtverarbeiteter Literatur und Legasthenie war, so las ich daraus, dass er ein wirklich schlechtes Gewissen hatte – und ich verzieh ihm.

Die Trennung tat uns beiden gut – ich musste nun an meine Prüfung denken und hatte verdammt viel nachzuholen, was ich, seit ich Uwe kannte, ziemlich schleifen gelassen hatte ...

Mein Chef goutierte meinen plötzlichen Lerneifer mit einer väterlichen Umarmung – ich tippte, weil seine Tochter, die in der Praxis bisher die No.1 war, bald heiraten wollte und vorhatte, mit ihrem Bräutigam in spe wegzuziehen ...

Die plötzlichen Gunstbezeugungen meines bis dato permanent unzufriedenen Chefs kamen für mich zu spät – sobald ich den Helferinnen-Brief in der Tasche hatte, wollte ich kündigen. Zu tief saß der Frust in mir: Bei jedem Jahres-Zeugnis hatte er sich darüber mokiert, dass ich in Fachkunde keine Eins hatte. Als ich ihn darauf hinwies, dass ich doch zwei „Sehr gut" in Deutsch und Sozialkunde hatte, wurde er noch ärgerlicher: Das interessiere ihn nicht, basta!

Meine Mutter frohlockte, als sie erfuhr, dass ich Uwe nicht mehr so oft sehen konnte und versuchte mit allen Mitteln, mich an mein Zuhause zu binden. Sie war vermutlich nicht in der Lage, mich in die notwendige Autonomie zu entlassen, weil sie Angst hatte. Vermutlich mehr davor, ihren Fulltimejob als „erfolgreiche Mutter" zu verlieren als mich ...

Ich wartete nur noch auf meine bestandene Prüfung und meinen achtzehnten Geburtstag – spätestens am darauffolgenden Tag würde ich gehen. Meine diesbezüglichen Pläne wurden von meiner Mutter ignoriert. Sie reagierte auch nicht auf meinen Wunsch, mir von meinem Ersparten eine Aussteuer zu kaufen, damit ich wenigstens mit dem Nötigsten ausgestattet war ...

Ein paarmal besuchte ich Uwe in Hameln, aber das war immer mit der Angst verbunden, man könne mich im Schwesternwohnheim als unerlaubten Gast „erwischen" – deshalb verbrachte ich die meiste Zeit im Bett. Von Uwe wurde ich in seiner Mittagspause liebevoll mit Essen aus der Kantine versorgt – nach zwei Tagen „Bettlägerigkeit" und Krankenhausessen fühlte ich mich auch „krank" ...

Als Uwes Zivildienst vorbei war, hatte auch die Ära „Wohngemeinschaft" ein natürliches Ende gefunden: Beschwerden der Nachbarn hatten mehrmals zu Razzien im Haus geführt und von „Sexualkontakt mit Minderjährigen" bis zu „Verstößen gegen das Betäubungsmittel-Gesetz" war man dort fündig geworden ...

Ich bat Uwe eindringlich, endlich damit aufzuhören, Drogen zu nehmen – oder noch schlimmer, das Zeug an seine Freunde zu verticken. Zu spät.

Wir hatten gerade eine kleine Wohnung in der Schotteliusstraße gefunden und renovierten sie, als Uwe in die Justizvollzugsanstalt musste ...

Vor einiger Zeit war er von zivilen Drogenfahndern erwischt und verhaftet worden, als er Drogen von Holland nach Deutschland schmuggeln wollte. Ich hatte keine Ahnung davon. Auch nicht, dass es eine Gerichtsverhandlung deswegen gegeben hatte, bei der er wegen Verstoß gegen das Rauschmittelgesetz zu einer Geldstrafe oder drei Monaten Haft in der JVA verurteilt worden war. Da Uwe das Geld nicht hatte, musste er seine Strafe absitzen.

So kam es, dass ich die erste Zeit unserer „wilden Ehe" allein in einer kahlen, unmöblierten Wohnung verbrachte, während mein Freund im Knast saß – was ich vor der Vermieterin natürlich geheim halten musste. Es waren die einsamsten Monate, die ich je in meinem Leben verbracht hatte – und die ärmsten, denn ich lebte nur von meinem Ersparten – meine Mutter verweigerte mir weiterhin jede Unterstützung. Ihrer Meinung nach durfte ich meine Arbeit und meine Familie nicht verlassen, weil das die schon lange unangesprochenen, schwelenden Konflikte sichtbar machte: Was sollten denn die Nachbarn denken?

Als ich es dennoch tat, rächten sich mein Chef mit einem schlechten Zeugnis und meine Mutter, indem sie die Straßenseite wechselte, wenn sie mir unvermittelt in der Stadt begegnete.

Nach achtzehn Jahren Anpassung an die Erwartungen und Wünsche anderer war dies meine erste Erfahrung, dass ich für die ehemaligen Autoritätspersonen nun eine „Persona non grata" geworden war.

Und statt ihre beleidigten Reaktionen als die Unfähigkeit von Erwachsenen zu erkennen, die nicht einsehen wollten, dass sie mich mit ihrem Willen nicht ewig besetzen konnten, grämte ich mich.

Langsam schloss sich der Kreis des Geächtetseins und der fadenscheinigen Gründe dafür: Ich lebte in „wilder" Ehe mit dem „falschen" Freund, hatte meine Stelle gekündigt, war arbeitslos ... meine Familie tat so, als hätte ich die seit Generationen unbefleckte Familienehre in den Dreck gezogen. Und ich lernte meine erste Lektion in Sachen „soziales Ansehen“: Alles ist gut – solange du tust, was die anderen von dir wollen. Aber sobald du auszubrechen drohst, kann durch deine kuschelige Komfortzone plötzlich ein eisiger Wind wehen!

So allein gelassen, überkamen mich Ängste, die mich total lähmten und blockierten – und ich hatte schließlich ausreichend Zeit, meine Verlassenheits- und Zukunftsängste zu hegen und zu pflegen …

Wenn ich es allein in der Wohnung nicht mehr aushalten konnte, lief ich manchmal zehn Kilometer zu Fuß nach Vardeilsen, wo meine Freundin Gerda wohnte. Sie freute sich immer über meinen Besuch, weil sie sich seit der Geburt ihrer kleinen Tochter ebenfalls allein und von der Welt abgeschnitten fühlte. Uwe und Gerdas Mann Hannes waren miteinander befreundet, und gemeinsam verbrachten wir viele Abende zusammen. Gerdas Gesellschaft rettete mich über viele Tage hinweg, die ich sonst mit Grübeln verbracht hätte – allerdings verhinderten meine regelmäßigen Fluchten in die heimelige Welt meiner Freundin auch, dass ich mich meinen Ängsten stellte und mich mit meinem Leben auseinandersetzte. Uwe und Hannes, die beide in anstrengenden Jobs arbeiteten, konnten nicht verstehen, was mich bedrückte. Aber Gerda hörte mir aufmerksam zu und gab mir eines Tages den Tipp, es doch mal im „sozialen Bereich“ zu probieren – statt zuhause zu sitzen und die Wände anzustarren.

Ich ging zum Arbeitsamt und ließ mich wegen einer Umschulung zur Sonderpädagogin beraten – und verließ das Amt noch frustrierter, als ich es eh schon war. Für eine Fachschule ‚Sozialpädagogik‘ hatte ich nicht die erforderliche schulische Qualifikation und auch nicht das geforderte Berufspraktikum. "Interesse allein genügt nicht!", meinte die Sachbearbeiterin mit Rasierklingenlächeln, und damit war für sie der Fall erledigt.

Als ich mich abends im Gespräch mit Uwe darüber aufregte, schien er nicht zu verstehen, was mich so wütend machte. Er war es von Kindheit an gewohnt, willkürliche Grenzen gesetzt zu bekommen. Er fand, ich solle einfach irgendeinen Job anzunehmen – wie er. Er maloche ja auch bei einer Auto-Werkstatt und wuchte den ganzen Tag Reifen aus, um uns „ein gutes Leben" zu ermöglichen ...

Ich war entsetzt, als ich feststellen musste, dass ich in der gleichen Falle gelandet war wie meine Schwester: von einem Mann finanziell abhängig zu sein. Und ich beschloss, nun endlich etwas dagegen zu tun.

Am nächsten Tag klapperte ich die Kindergärten ab: Dem Baptisten-Kindergarten war ich nicht fromm genug, dem Städtischen zu alt ... aber „Tante Lotti", die Leiterin des evangelischen Kindergartens, konnte Hilfe gebrauchen ... und innerhalb einer Woche hatte ich einen Praktikumsplatz für ein Jahr – als Vorbereitung auf die Umschulung.

Als ich erneut bei der Sachbearbeiterin im Arbeitsamt vorsprach, verzog sie unwillig das Gesicht, und als sie mir den Antrag auf Ausbildungsbeihilfe aushändigte, sagte sie: „Glauben sie bloß nicht, dass eine Umschulung so einfach ist, junge Frau ...!"

Nachdem ich den Antrag ausgefüllt hatte, verfügte ich schon bald wieder über ein geringes, aber eigenes „Einkommen". Mein Leben bekam wieder einen Sinn und eine Tagesstruktur. Ungewohnte Aufgaben und Anforderungen erwarteten mich, neue Tätigkeitsbereiche – und eine Schar quirliger, fröhlicher Kindergartenkinder. Und „Tante Lotti" – eine in die Jahre gekommene, unverheiratete Kindergärtnerin, deren Ansichten zur Kindererziehung ebenso altbacken wie schlicht waren: Früher war ALLES besser und heute von der „ SESAMSTRAßE" bis zur „Sendung mit der Maus" ALLES Mist!

Mit meinem Selbstwertgefühl ging es langsam wieder bergauf, und wenn ich zuhause oder an der Praxis vorbeikam, ging ich betont langsam und dachte: Siehst du?!

Oft diskutierte ich mit Uwe darüber, dass er mehr aus seinem Leben machen könnte. Doch diese Gespräche blieben bei ihm rein theoretischer Natur. Er hatte sich, was das Malen betraf, ein omnipotentes Selbstbild aufgebaut und hoffte, irgendwann einmal „entdeckt" zu werden – auch ohne den ganzen Ballast einer fundierten handwerklichen und künstlerischen Ausbildung. Ich riet ihm, wenigstens seinen Hauptschulabschluss bei der VHS nachzumachen – und die Maler-Lehre, die er abgebrochen hatte, abzuschließen. Mit einer Mappe seiner Ölbilder könne er sich ja gleichzeitig an Kunstschulen bewerben ...

Ich versprach ihm, ihn bei allen Schwierigkeiten mit der Schule zu unterstützen – und nach einigen Monaten „Bearbeitungszeit" meldete sich Uwe tatsächlich bei der VHS an.

Wenn er von der Arbeit nach Hause kam, hatte ich bereits sein Essen gekocht, seine Hemden gebügelt, sodass er nur noch die Strasse zum Gymnasium überqueren musste, in dem die VHS am Abend einige Klassenräume nutzte. Wenn ich ihm manchmal aus dem Fenster hinterher schaute, beneidete ich ihn ...

Mein alter Traum, das Abitur nachzuholen, wurde erneut zum Leben erweckt – umso stärker, je widerwilliger Uwe dort hinging. Er empfand das Lernen als frustrierend und erlebte seine Grenzen als unannehmbar. Deshalb konnte er sie auch nicht überwinden.

Je mehr ich mich bemühte, ihm bei seinen Schwierigkeiten – vor allem in Deutsch – zu helfen, umso gereizter und ärgerlicher reagierte er.

Nach der ersten Klausur verteidigte er jeden Ausdruck, den ihm die Deutschlehrerin angestrichen hatte und äffte dabei ihre Art nach: "Ihre Interpretation ist nur im Ansatz zutreffend. Leider haben sie das Thema verfehlt, Herr Kowalski."

Uwe knirschte mit den Zähnen. Dabei hatte er sein Lieblingsbuch vorgestellt: „Goldmund und Narziss" ...

„Uwe ...", versuchte ich einzulenken „... es gibt eben „offizielle" Interpretationen für den Deutschunterricht. Ich habe sie dir doch gekauft – warum hast du die denn nicht gelesen?"

„Weil mich der Scheiß nicht interessiert!"

„Okay. Aber dann beschwer dich auch nicht, wenn du `ne fünf kriegst, nä?"

Am nächsten Tag war er nicht dazu zu bewegen, zur Abendschule zu gehen. Und nach einer Woche teilte er mir mit, dass er sich abgemeldet hatte.

Ich schmollte. Ich machte ihm keine Vorwürfe, ich WAR Vorwurf.

Doch Uwe verschwand einfach und ließ mich im eigenen Saft schmoren.

Nach seiner Rückkehr war ich immer noch sauer, deshalb raunzte er mich schlecht gelaunt an: „Du hast gut reden – du weißt ja eh` immer alles besser! Geh DU doch zur VHS, dann wollen wir doch mal sehen ...!"

Ich sah ihn schweigend an.

Und antwortete kapp: „Klar – ich habe mich bereits für das Sommersemester angemeldet."

***

Männerphantasien

Im Moment komme ich mit meiner Kosten-Nutzen-Analyse bezüglich des Erwerbes eines neuen Gebrauchtmannes irgendwie nicht weiter:

Nette Männer sind unattraktiv. Hübsche Männer sind nicht nett. Hübsche und nette Männer sind schwul. Hübsche, nette und heterosexuelle Männer sind verheiratet. Männer, die nicht so hübsch, dafür aber nett sind, haben kein Geld. Männer, die nicht so hübsch, dafür aber nett sind und Geld haben, denken, du bist nur hinter ihrem Geld her. Hübsche Männer ohne Geld sind nur hinter deinem Geld her. Die heterosexuellen Männer, die denken, dass sie schön sind und die Geld haben, sind Memmen. Die Männer, die einigermaßen gut aussehen, nett sind, Geld haben und Gott sei Dank hetero sind, sind schüchtern und werden mich vermutlich nie ansprechen ...

Es ist noch nicht allzu lange her, da war ich heilfroh, meinen Alten umständehalber kostengünstig in liebevolle Hände abgeben zu können.

Eigentlich bin ich ein unzeitgemäßer Entsorgungstyp und hänge mit einer Art kriegsmüder Jovialität an meinen Weggefährten, bis sie mir quasi unterm Hintern wegrosten. Mit dem Letzten hatte ich den ausgefallensten Sex – meistens fiel er aus ...

Wenn er dann endlich mal zum Liebesdienst bereit war, parkte er so lange in der sexuellen Einöde, dass ich ihn mal währenddessen fragte: „Haben wir jetzt immer noch Sex oder ist das schon Muskelrelaxation nach Jacobson?"

Natürlich habe ich der neuen Besitzerin diskret seine zahlreichen Macken verschwiegen, mit denen er mich zuweilen an den Rand der Verzweiflung brachte. Sie wird es schon noch früh genug merken, dass er hin und wieder bockt und dann seinen Dienst verweigert – und für meinen Gusto auch, was lange Strecken angeht, zu viel Sprit verbraucht. Ich habe ihr stattdessen geraten: Er hat ohnehin nur zwei Betriebszustände: hungrig oder geil. Wenn du ihn ohne Erektion siehst – mach` ihm einen Hamburger!

Inzwischen drehe ich schon so lange als autistischer Single meine Runden durch Raum und Zeit, dass es mal wieder spannend sein könnte, eine bemannte ... uuups, jetzt hätte ich doch beinahe „Spritztour" geschrieben ... äh, Fahrt ins Blaue zu unternehmen: Aljoscha, sattel` die Hühner, wir reiten in die Erdbeeren!

Einen ganz Neuen will ich aber nicht. Der heißt dann zu allem Überfluss noch „Thorben" oder „Malte", und was soll frau mit so einem little puppy-dogtail? Der hält meine Santana-CDs vermutlich für Musikalische Frühförderung – und wenn mich die Männer im Bett permanent siezen, sollte ich ohnehin damit aufhören. Ich halte einfach nichts von generationsübergreifendem Sex.

Außerdem bin ich jetzt schon gestresst, wenn ich an die Werbe-Wochen voller körpereigener Glücksbotenstoffe denke: Dieses enthusiasmierte Vollzeit-Verlangen beim Disco-Fox, dieses Dauer-Necking und kognitive Posing beim Candlelight-Dinner. Und das bisschen Verstand, was frau sich mühevoll erarbeitet hat, wieder im Arsch, und der Geist wabert umnebelt im Beziehungs-Nirwana.

Einer aus zweiter Hand hätte insoweit auch den Vorteil, dass man auf diese unsäglichen Dates voller Peinlichkeiten, Unsicherheiten und schweißnasser Hände gut verzichten könnte. Ich komme jetzt doch langsam in das bequeme Alter.

Bei einem Silberrücken, sprich: Best-Ager reicht ein knappes Briefing kurz vorm Vollzug meist aus, um die örtlichen Gegebenheiten abzuchecken und ihn bei Betriebstemperatur anspringen und schnurren zu lassen. Und wenn ich mal wieder über einen guten Gag lachen möchte, sagt er mir auch auf Wunsch, dass er mir auf ewig treu sein wird. Aber zu alt darf der „Gebrauchte" nun auch wieder nicht sein: Fritz-Walter-Gedächtnishose, 28er und Toupet kommen mir nicht auf die Bettkante! Ich möchte nicht, dass sein nächster Orgasmus schon eine Nahtoderfahrung sein könnte – es sei denn, wir hätten vorher ausgemacht, dass ich die Begünstigte seiner Lebensversicherung bin, wenn ich ihn zu Tode bumse.

Ich brauche – wenn überhaupt – einen verlässlichen Gefährten auf meiner Lebensreise. Deshalb ist es mir auch so wichtig, dass er von der Vorbesitzerin gut gepflegt und stets gut gewartet wurde. Was nicht heißen soll, dass er die ganze Zeit über nur im Haus, Garten und der Garage verbracht hat und „Klitoris" für eine heimische Balkonpflanze hält.

Was die Alltagstauglichkeiten eines Weggefährten betrifft, hat eine stichprobenartige, aber dennoch durchaus repräsentative Umfrage bei bemannten Frauen meines Vertrauens jedoch nur die eine oder andere wirre sowie unbeantwortete Frage ergeben, beispielsweise:

Warum immer wieder diese Sehnsucht nach dem Schweigen der Männer? Obwohl frau zuweilen weitaus interessantere Gespräche mit Wollpullis führen könnte.

Warum bei gemeinsamen Treffen gewohnheitsmäßig intellektuell den Bauch einziehen, indem frau begeistert mit ihm über Themen spricht, die sie nicht die Bohne interessieren?

Warum gibt frau sich immer wieder dem mühevollen Prozess psychosozialer Behandlungsverfahren, sprich: dem Leben mit Mann hin, obwohl sie weiß, dass er vermutlich über die Notwendigkeit des betreuten Wohnens und täglichen sozialen Kompetenztrainings nie hinauswachsen wird?

Und warum ist Mann so scharf auf öffentliche Bevormundung auf Lebenszeit? Zum Beispiel bei C&A in der Unterhosen-Abteilung?

Warum hält frau immer noch mit Steinzeit-Blick Ausschau nach dem idealen Mann: mit festem Hinterteil und nie versiegender Potenz, der geschmeidig lange Strecken laufen kann?

Zumindest habe ich herausgekriegt, wie frau ihrer besten Freundin diese nervtötende Angeberei mit den Fotos vom aktuellen „Mr. Right" abgewöhnen kann:

Wenn sie wieder mit einem Stapel Fotos von IHM ankommt, stoße beim Anblick des ersten laut: „Oh. Mein. Gott!!! Oh. Mein. Gott!!!" aus, während du dich mehrfach bekreuzigst.

Traumprinzen-Sharing Teil I

Eine tragisch-komische Liebesgeschichte zum Abgewöhnen

Anfang der 80er Jahre, inmitten der romantischen Kulisse eines Dornröschen-Schlosses im westlichen Münsterland, hatte sich die Akademie des Handwerks ebenso freundlich wie nichtsahnend als märchenhafter Background für den ersten Teil meiner verhängnisvollen Affäre zur Verfügung gestellt.

Mit mäßigem Interesse und zurückhaltender Motivation hatte ich mich genötigt gesehen, mich dort für ein Frauen-Seminar anzumelden. Es hatte den drögen Titel: „Die Ehefrau im Handwerksbetrieb".

Seitdem mein Gatte und Jungunternehmer meine bisherige Freizeitgestaltung an der Abendschule mit zunehmendem Argwohn beobachtete und auch die Verwandtschaft munkelte, dass zu großes Engagement in Sachen Allgemeinbildung dem häuslichen Handwerker-Frieden abträglich sei, musste ich etwas in Sachen Öffentlichkeitsarbeit und ehelichen Pflichten unternehmen.

Ich war 25 Jahre jung und brauchte den allgemeinen Hausfrieden, um unbehelligt meine Selbstfindung voranzutreiben zu können.

In den Werbe-Wochen vor unserer Hochzeit hatte mein Handwerker es zwar noch meisterhaft verstanden, sich außer um Flansch und Siphon recht schwingungsfähig um meine Wünsche und Bedürfnisse zu kümmern. Doch habe ich damals noch nicht geahnt, dass er solche enormen Anstrengungen wie Restaurantbesuche, Gespräche bei Kerzenschein oder Disco-Fox in der Düsseldorfer Altstadt nur aufbrachte, weil er davon ausging, dass ich mich nach der Eheschließung auch angemessen dafür erkenntlich zeigen würde. Zum Beispiel dadurch, dass ich mich, bis dass der Tod uns scheidet, ausschließlich nur noch um seine Wichtigkeiten (Firma), Interessen (Segeln) und Bedürfnisse (Bewunderung) kümmern würde.

Im weiteren Verlauf unserer Ehejahre bestand das Anforderungsprofil für mich als „Frau an seiner Seite" vor allem darin, seine gewohnte häusliche, gut funktionierende Infrastruktur zu erhalten, seine Kinder aus erster Ehe zu betreuen und nebenbei alle unterstützenden Arbeitsfelder im sozialen sowie betrieblichen Umfeld abzudecken.

Das hat frau davon, wenn sie einen dreizehn Jahre älteren Geschäftsmann heiratet.

Mein Mann sah es gerne, wenn ich zu alledem halbtags meine Arbeitskraft als unbezahltes Faktotum in der Firma zubrachte, den Bürokram erledigte und die Geschäftsräume und sein Büro feucht durchwischte. Am Abend nutzte er meine juvenile Attraktivität als schmückendes Beiwerk bei Geschäftsessen mit einflussreichen Auftraggebern oder Segelfreunden.

Und der Tag war gewiss nicht fern, an dem er mich aus Werbezwecken auch noch im Schaufenster seiner Firma für Sanitäre Installationen in einer gläsernen Badewanne planschen lassen wollte.

Aber ich habe mein Bedürfnis nach etwas Aufregenderem und Spannenderem auf meiner Lebensbühne einfach nicht in den Griff gekriegt. Ich wollte meine Abende lieber an der VHS verbringen und Schulabschlüsse mit Jodeldiplom machen. Und wenn ich meine Sammlung an Zeugnissen vervollständigt hätte, würde ich für unbestimmte Zeiten an der Universität des Lebens studieren – so in etwa hatte ich mir meine Selbstverwirklichung als Ehefrau im Handwerksbetrieb in der nächsten Dekade vorgestellt.

***

Und so lernte ich meine erste Lektion in Sachen Ehe: Patriarchat und Unabhängigkeitsbestrebungen scheinen sich gegenseitig auszuschließen.

Eines frustrierten Tages habe ich dann diesen Seminar-Prospekt der Akademie des Handwerks auf meinem Schreibtisch entdeckt.

Unter „Betriebsführung für Frauen" wurden zwei Seminare angeboten.

Meine Begeisterung für diese Art von Gattinnen-Fortbildung hielt sich durchaus in Grenzen, aber der Prospekt mit den schönen Fotos des „bezaubernden Wasserschlösschens mit seinen rot-weißen Fensterläden, inmitten seiner umgebenden Gräfte und herrlichen Waldgebieten" hatte doch einen gewissen Aufforderungscharakter. Historische Bauten – vor allem Schlösser – haben auf mich seit jeher eine einzigartige Faszination ausgeübt.

Und die Aussichten, in diesem Schloss mal einige Tage bezahlten Fortbildungs-Urlaub ohne Ehemann und Handwerksbetrieb zu machen, waren so schlecht nun auch wieder nicht.

Einige Wochen später habe ich mich, angemessen motiviert und seriös gekleidet, auf den Weg ins westliche Münsterland gemacht.

Am Schloss angekommen, fällt es mir nach dem Einchecken ganz leicht, meinen Alltag mit seinen vielfältigen Aufgaben und Pflichten umgehend loszulassen, um in dieses mittelalterliche Parallel-Universum einzutauchen.

Da ich früh genug angereist bin, habe ich noch Zeit zum Lustwandeln, bevor ich mich der Aufgabe stelle, meine Gattinnen-Kompetenzen erweitern zu lassen.

So lustwandele ich um die Gräfte des Schlosses „mit seiner gestalteten Landschaft zum adeligen Jagvergnügen", bis mein Seminar beginnt.

Nach der formellen Begrüßung durch den Akademie-Leiter – ein Alpha-Männchen von mittelgroßer Statur mit militärischem Kurzhaarschnitt und sonorer Stimme – fremdeln wir Handwerker-Mädels uns durch den Vormittag mit diversen Vorstellungsrunden: „Ich bin die Frau X und komme aus Y und mein Mann macht beruflich ... Z."

Die meisten Ehefrauen im Handwerksbetrieb definieren sich durch die Firma ihres Mannes und sehen aus wie gestandene Weibsbilder mittleren bis undefinierbaren Alters mit UFO-Figur (Unförmiges Frauliches Objekt). In ihrer mütterlichen Mitte wirke ich mit meinen 25 Lenzen wie ein flauschiges Küken unter Dinosauriern.

Im weiteren Verlauf des Seminar-Tages beschäftigt uns der Seminarleiter, ein in die Jahre gekommener Hausfrauen-Guru, mit allerhand Esoterischem zur Persönlichkeitsbildung.

Wir erfahren von ihm, wie Sternzeichen, Enneagramm und Farbenlehre die Persönlichkeit der Handwerksgattin nicht nur darzustellen, sondern auch zu fördern in der Lage sind, und intuitiv erschließt sich einigen von uns ein Wissen, dass diese Veranstaltung wohl herzlich sinnlos werden wird. Es sei denn, die eine oder andere Ehefrau im Handwerksbetrieb wird noch angekettet am heimischen Ofen oder hinter der Werkbank gehalten und hat auch sonst keinen Hang zur Eigenständigkeit oder zum Zweitbuch.

Die Führungskraft vom Schloss taucht immer wieder mal dienstbeflissen „bei den Damen" auf. Entweder hat er Organisatorisches zu vermelden oder uns die Pausen zu versüßen, indem er daselbst Kaffee und Kekse (aus der Prinzen-Rolle!) serviert oder uns das Schlösschen mittels Führung präsentiert.

Mit der Eloquenz diverser Rhetorik-Ausbildungen demonstriert er den staunenden Damen vom Handwerk sein profundes Wissen über westfälische Geschichte und Baukunst, amüsiert mit humoresken Adeligen-Anekdötchen und imponiert mit Tagträumereien über fürstliche Hetz- und Parforce-Jagden – ein mittelgroßer Angeber halt, der eine Handvoll Kleinstadtpomeranzen vor stimmungsvoller Kulisse zu beeindrucken sucht.

Mein Eindruck seiner auf Wirkung bedachten Omnipräsenz verstärkt sich noch, als er uns auch noch zum abendlichen Unterhaltungsprogramm „Kegeln im Landhaus zum bunten Hahn" ins nahe gelegenen Örtchen begleitet und diese Hahn-im-Korb-Nummer nicht etwa strunzgelangweilt hinter sich bringt, sondern durchaus zu genießen scheint.

Ich frage mich, was diesen distinguierten Herrn wohl dazu treiben mag, mit einer Horde Handwerker-Gattinnen um die münsterländischen Fachwerk-Häuser zu ziehen. Fürs abendliche Entertainment der Seminaristinnen hat eine Führungskraft doch sicher untergeordnetes Personal – warum ist der bloß so penetrant gefällig um unser Wohlergehen bemüht?

Als wir später nach dem Kegeln den Gasthaus-Tresen bevölkern, erzählt er uns leutselig, dass er als neu angestellte Leitung der Akademie damit beauftragt sei, einen zeitgemäßeren, frischeren Wind ins Seminarprogramm zu bringen und für neue Strukturen zu sorgen.

Hört! Hört!

Daher kümmere er sich zurzeit auch um alle Details vor Ort – ihm läge da ganz besonders die Zufriedenheit der Seminar-Teilnehmer/Innen besonders am Herzen – und wenn wir irgendwelche Manöver-Kritik oder Verbesserungsvorschläge hätten, sei er der rechte Mann am rechten Ort.

Ach. Was.

Spontan mäkele ich am Abendprogramm zur Bespaßung der Ladies vom Handwerk herum und erkundige mich scheinheilig, ob das Herrenprogramm auch so gediegen ausfalle. Mir sei ja bekannt, dass der Westfale an sich zum

Feierabend nicht unbedingt Purzelbäume schlüge, aber Mann verbringe diesen, statt mit einer Handvoll Kegelschwestern, doch wohl eher bei einem zünftigen Table-Dance, oder?

Der leitende Angestellte grinst zurück: er gebe ja zu, beim abendlichen Unterhaltungsprogramm für die Damen tue man sich in der Planung immer schwerer. Die Herren Handwerksmeister hingegen seien da einfacher strukturiert und mit münsterländischen Schlachteplatten und einem anschließenden Absacker in der berühmt-berüchtigten „Milli-Bar" im nahe gelegenen Städtchen leicht zufriedenzustellen.

„Habt ihr das gehört, meine Damen?"

Ich halte eine Ladys Night in einem Münsterländer Strip-Schuppen für DIE Idee – und auch die beiden Fleischermeister-Gattinnen, die ihre Kilos mühselig und schwerfällig auf die Tresen-Bestuhlung gewuchtet haben und dort breitbeinig wie die Sumo-Ringer thronen, haben etwas von „Schlachteplatten" mitbekommen und begeistert aufgehorcht.

Umgehend bekommen sie Wunschaugen und beginnen von Blut- und Mettwürsten und Knochenschinken aus Buchenholzräucherung zu schwärmen, dass uns der Mund wässrig wird, und der Chef du Chateau muss uns umgehend mit einer Runde Schnaps ruhig stellen und uns in die Hand versprechen, dass wir am kommenden Abend aus dem Herren- ein Damenprogramm machen würden: Und Prrrrostataaa!

Die Damen lümmeln sich mit glasigem Blick am Tresen und lassen sich von der Führungskraft noch eine westfälische Gutenachtgeschichte erzählen: Dass in Westfalen im Mittelalter das Bierbrauen Frauensache war. Und nach vollbrachter Tat die Brauerin ihre Nachbarinnen zum Bierkränzchen einlud. Das westfälische Mannsvolk nannte das „Weiberzechen".

Und alle geben ihr Bestes, es den mittelalterlichen Brau-Weibern gleich zu tun, Runden zu ordern und Trinksprüche zum Besten zu geben: „... zum Kopp, zur Mitte, zum Sack, Zackzack!", und mit zunehmendem Alkoholpegel kriegt die eine oder andere Handwerksgattin einiges an Farbe und Unterhaltungswert.

Am nächsten Tag ist die Führungskraft dann DAS Gesprächsthema während der Mahlzeiten im Schloss. Es wird so allerlei hinter seinem Rücken getuschelt, was seinen beruflichen, finanziellen und familiären Background betrifft.

Einige Seminaristinnen geben an, zu später Stunde in Erfahrung gebracht zu haben, dass er während seiner Arbeitswoche im Schloss wohne, aber am Wochenende in seinem kleinen, roten Sportwagen nach Hause fahre. Im Übrigen sei aufgefallen, dass der Herr unberingt sei.

Schließlich einigt man sich auf „erfolgreich, gut situiert & geschieden", gedenkt seufzend des eher robusten Gockels auf dem heimatlichen Misthaufen und gackert dem Silberrücken, wo immer er auftaucht, dümmlich hinterher. Mich interessiert diese Gerüchteküche nur peripher, im Männerbeschwärmen bin ich gänzlich untalentiert.

Der Abend verläuft dann erst mal ruhig und gediegen. Nachdem wir uns diverse Münsterländer Handgreiflichkeiten in Form von Schnittchen mit westfälischem Knochenschinken und sauren Gurken hineingespachtelt haben, geht´s zum Abschluss wie versprochen mit einem handverlesenen Grüppchen Frivoler in einem Großraum-Taxi zum Absacker in die berühmtberüchtigte „Milli-Bar"– die anderen Spaßbremsen gehen schlafen.

An der Pforte des Etablissements „Milli-Bar" entsteht erstmal Stau durch ein langes Hin- und Herdebattieren des Türstehers mit dem Herrn vom Schloss und seinem Trupp gackernder Handwerker-Gattinnen im Schlepptau. Der

Türsteher fixiert uns mit allen Anzeichen testosteronge-schwängerter Dominanz: „Ihr kommt hier nicht rein!"

Unser distinguierter Führer verweist hingegen lautstark auf die guten Geschäftsverbindungen und die vielen männlichen Gäste, die er schon hierher abgeschleppt hat. Mit einem Verweis auf die fortgeschrittene Stunde und unsere Trink- und Zahlungsbereitschaft werden wir nach kurzer Rücksprache mit dem Chef des Türstehers widerwillig hineingelassen.

Und so strömt eine Handvoll biederer, leicht beschickerter Handwerker-Gattinnen am leichtgeschürzten und verdutzten Tanz- und Unterhaltungspersonal vorbei ins schummrige Rotlichtmilieu.

Noch sind wir die einzigen Gäste und bestellen devot bei einer schlecht gelaunten, halbnackten Lady in Lack & Leder die teuersten Cocktails unseres Lebens und sind froh, dass die nicht mit der Peitsche knallt.

Als später einige Milli-Mädels ihr Programm an der Stange grottengelangweilt abräkeln und ihre Blutgrätschen machen, werden sie von der drallen Konkurrenz vom Handwerk im Großen und Ganzen sehr wohlwollend-interessiert beobachtet.

Nur Einige rutschen unwohl mit total verblüfftem Schamgefühl auf dem roten Leder-Imitat hin und her und wünschen sich wohl gerade in die neonhellen Gefilde ihrer Handwerksbetriebe zurück. Unser Vorzeige-Mann hingegen genießt und schweigt.

Etwas später wanken zu seiner Verstärkung noch zwei Bundeswehr-Soldaten in Nato-Oliv ins Halbdunkel, die uns erstmal verblüfft anstarren, als hätten sie gerade eine Vision. Vermutlich die, ihre Muttis und Tanten hier anzutreffen ...

Doch im Laufe der nächsten Stunden schicken die Damen in froher Runde einige Schnäpse herüber, sodass die

Vaterlandsverteidiger etwas toleranter und schwingungsfähiger werden und sich entspannt dem Animier-Personal zuwenden.

Der leitende Angestellte vom Schloss bietet inzwischen allen Damen generös das Du an und macht im Rotlicht-Dschungel einen auf Silberrücken. In generöser Großmanns-Manier ordert er etliche steuerlich absetzbare Runden für die Damen und brilliert wieder mit lässig dahingeworfenen Bonmots. So viel Eloquenz ruft bei mir reflexartigen Argwohn hervor. Vermutlich denkt der gerade unauffällig darüber nach, welches Handwerker-Chica er für den heutigen Abend klarmachen könnte.

Am fortgeschrittenen Abend wird es ihm dann wohl zu blümerant unterm Pony, denn er hebt an, über die Köpfe der beschickerten Hühner hinweg, mich so dreist anzubaggern wie vormals der Fürst das dumpfbackige Mädle vom Lande.

Testosteron ist kein guter Ratgeber.

Östrogen hingegen auch nicht.

Von seinen diversen Schnäpskes-Runden schon ordentlich aufgemöbelt, verwickele ich ihn und mich erstmal in eine weitschweifige intellektuelle Erörterung chauvinistischen Verhaltens im Allgemeinen und seines im Besonderen, die ich schließlich dezent lallend damit beende, er möge doch bitte zur Kenntnis nehmen, dass ich nicht nur einen Knackarsch, sondern auch ein abendgeschultes Knackhirn mein Eigen nennen könne und die Handwerksgattin an sich auch nicht so strunzedoof und frustriert sei, sich ihm vor/in/auf/über oder im Dornröschen-Schloss zu Füßen zu werfen: Prostataaa! – was von den mich umgebenden Hühnern erst mit Schreckstarre und dann mit johlender Zustimmung und einer weiteren Runde Schnäpskes goutiert wird.

Enthusiasmiert küren wir dann noch den besten Männerfeindlichen Witz des Abends:

85% aller Frauen finden ihren Arsch zu dick.

10% aller Frauen finden ihren Arsch zu klein.

5% aller Frauen finden ihren Arsch so, wie er ist, okay und sind froh, ihn geheiratet zu haben.

Der Abend droht echt lustig zu werden. Als ich mich zum x-ten Mal durch die angeregt gackernde Mädelrunde in der roten Sitzbank quetsche, um mal für kleine Königstiger zu gehen, werde ich plötzlich hinterrücks und beherzt in den Popo gekniffen.

Entrüstet fahre ich zum einzigen Mann in unserer Runde herum, doch der ist so demonstrativ harmlos und bieder in ein Gespräch mit seiner Nachbarin vertieft, dass ich ihm unmöglich mittendrin eine knallen oder ins Schlossherren-Gemächt greifen kann.

Den Rest des Abends herrscht ambivalentes Treiben in meinem befuselten Oberstübchen. Meine tiefempfundene Empörung kämpft mit einem angeschickerten Sprachzentrum: „Finnichnichgut, sowass ... wass glaubtdereigentlich wereriss?"

Der feucht-fröhliche Abend endet schließlich damit, dass Erika, eine Bestatter-Gattin aus Herne, beim Hinausgehen noch zu den beiden jungen Soldaten herüberschwankt und sich höflich erkundigt, wo die Herren Soldaten denn die schöne Fliegerjeans her hätten – ihr Sohn suche schon „... gaaanz lange nach sowasss ...!", dabei lächelt sie so gewinnend wie die Schlange Ka aus dem Dschungelbuch.

Einer der Jungs starrt sie lange schweigend an, und als ich Erika dezent an ihrem Jackenärmel mit nach draußen ziehen will, lallt er plötzlich:

„Wieviiel?"

Erika grinst dümmlich zurück:

„Wassollndasheissn: wiefiiieeel?"

„Wenn ich dir meine Fliegerjeans geb´– wass kriegichdafür ?"

Erika lacht bedauernd:

„... tutmirleid, junger Mann. Ich hab` glaubich nurnoch'n paar Mark ..."

Soldier Tom mustert sie nachdenklich von oben bis unten.

„Na gut. Dann eben deine Sch... deine Schrigjagge."

„Hä?"

„Willss du meine Hose – will ich deine Schrigjagge!"

Erika guckt mit verglasten Augen verwundert an ihrer hellblauen Strickjacke herunter: „Die hier? IssinOrnung." Und zur allgemeinen Gaudi zieht der Bundeswehrsoldat mitten in der Bar bis auf ein Paar graue Schiesser Feinripp blank, während sich Erika gackernd aus ihrer Jacke strippt. Die Animierdamen sehen sehr unamüsiert zu.

Während Erika jubelnd mit ihrer Flieger-Jeans-Trophäe im Arm den triumphalen Abgang der Handwerker-Gattinnen anführt, bleiben zwei betrunkene Bundeswehrsoldaten in der Milli-Bar zurück.

Einer davon in Unterhosen, Kampfstiefeln und mit einer hellblauen Damenstrickjacke bekleidet.

Etwas später schwanken Hahn & Hühner, die mehr als einen Korn gefunden hatten, durch die Nacht, schlosswärts. Endlich dort angekommen, sind sich alle einhellig einig: nur im westlichen Münsterland könne Mann & Frau sich so schön hochgradig die Kante geben und die inzwischen Verbrüderten & Verschwesterten wünschen sich johlend allseits eine angenehme Restnacht.

***

Nachdem ich in aufgekratzter Stimmung meine Kemenate gesucht und gefunden und mich leicht schwankend bettfertig gemacht hatte, stehe ich gerade dümmlich grinsend vor dem Spiegel und pule mir mit Zahnseide die Reste des letzten Mettbrötchens aus den Zähnen, als es sehr eindringlich an meine Türe wummert. Und zu meinem Erstaunen steht da draußen keine beschwipste Handwerker-Gattin im Türrahmen. Der angeheiterte Herr vom Schloss hat eine Flasche Schampus im Arm und bittet mich in Demutshaltung und kokett geneigtem Kopf um eine Privataudienz. Er habe da wohl etwas wieder gutzumachen – ich sei eine so hinreißend herausfordernde Gesprächspartnerin gewesen und er müsse sich jetzt UN-BE-DINGT noch in Ruhe weiter mit mir unterhalten ...

Und dann sagt er den Satz, mit dem jeder Wolf sein Rotkäppchen klarmacht: „Du glaubst doch wohl nicht, du müsstest Angst vor mir haben ...?"

Gentlemanlike schlägt er vor, er wolle mir „quasi als Entschädigung für ungebührliches Verhalten" noch eine ganz spezielle Schlossführung bei Nacht angedeihen lassen – das sei schließlich nichts Ehrenrühriges. Und abschließend könne man ja noch – aber nur, wenn mir danach sei – in seinem Büro ein Gläschen Champagner ... ob ich vielleicht Gläser ...?

Nee. Nur Zahnputzgläser ...

Da hat er nun genau meinen Nerv für unternehmungslustige und spontane Aktionen wie improvisierte Nachtwanderungen an fremden Orten getroffen, und einige Minuten später tapst ein barfüßiges, giggerndes Rotkäppchen im indischen Kaftan dem bösen Wolf zu einer mitternächtlichen zweisamen Schlossführung hinterher.

Der geleitet mich ganz nonchalant durch etliche schwach beleuchtete Gänge, dann treppauf und treppab durch diverse Säle des Schlosses.

Und erklärt mir tatsächlich, was sich die Bauherren beim

Anlegen der „Gräfte" oder „Freiheit" gedacht haben mochten, stellt mir auch einige der streng blickenden Herren und Damen von westfälischem Adel auf den Gemälden vor, denen ich untertänigst huldige, um mich dann zielstrebig seinem Büro im Schlossturm zuzuführen.

Doch angesichts des vom grellen Neonlicht ausgeleuchteten Büros will erstmal so keine rechte Stimmung mehr aufkommen, und es herrscht statt der unbefangenen Heiterkeit zuvor nun die Befangenheit zweier Unbekannter bei einer privaten Zusammenkunft ohne gesellschaftliche Rahmenbedingungen.

Um nicht so verlegen herumzustehen, verfallen wir erstmal in allgemeine Betriebsamkeit. Wir entfachten ein Feuerchen im Kamin, verrücken dann gemeinschaftlich sein schwarzes Bürosofa, und während er souverän den Champagner entkorkt und im Radio WDR 4 „die Musik zum Träumen" einstellt, verteile ich hausfraulich-geschäftig im Deko-Wahn einen ganzen Beutel Teelichter und sorge somit für gutes Chi im Raum.

Dann sitzen wir wie zwei Verschwörer beim konspirativen Treffen im Schein des knisternden Kaminfeuers und einem funkelnden Reigen kleiner Lichtlein, und ich wundere mich im Stillen über das eindeutig zweideutige Ambiente, das wir unabgesprochen gemeinsam geschaffen haben.

Wir prosten uns mit den champagnergefüllten Zahnputzgläsern zu und finden`s lustig. Heiter und angeregt plaudern wir über Beziehungen im Allgemeinen und egal, was er über „die jungen Frauen von heute" zu sagen hat – ich halte moderat männerfeindlich dagegen, bis der Morgen graut.

Irgendwann steigt mir das Schaumgetränk dann doch mächtig zu Kopf und dockt bizzelnd an den Verbindungsleitungen meiner ja zuvor schon benebelten Synapsen an. Die Führungskraft geht auch allmählich zum Schmiege-Angriff über und legt seinen Arm um mich. Mir ist nicht wohl dabei. Erst recht nicht, als er sich plötzlich unvermittelt über mich beugt, mir so etwas wie: „Du-willst-es-doch-auch!" ins Ohr brummelt, um mich dann prinzenmäßig zum leidenschaftlichen Kuss nach hinten zu biegen.

Das ist jetzt nicht so ganz der Hit. Mir wird plötzlich schlecht.

Abrupt schiebe ich den erhitzten Schlossherren beiseite, richte mich benommen auf und bin sehr bemüht, die Contenance zu wahren. Schließlich will ich ihm ja nicht seinen karmesinroten Büroteppich vollkotzen.

Ich stottere etwas von „So-geht's-ja-nun-nicht-mein-Lieber!" und verlasse im schwankenden Zickzack, aber erhobenen Hauptes sein Büro – um an der frischen Luft erstmal tiiiieeeef durchzuatmen und dann mausallein in Richtung meiner Kemenate zu taumeln.

Zurück lasse ich einen verdutzten Prinzen, der statt eines Prinzessinnen-Kusses die ruppige Abfuhr einer „Ehefrau im Handwerksbetrieb" bekommen hat.

Am nächsten Morgen erwache ich mit mittelschwerem Kopfdruck und dem Fehlen jedes „Wie-Konntest-Du-nur"-Gefühls. Gott sei dank war ich scheues Reh in der vergangenen Nacht bei der herrschaftlichen Jagd nicht zur Strecke gebracht worden, sondern im moralischen Triumphzug allein und im eigenen Bettchen gelandet.

Den ganzen Vormittag über vermeidet der Herr vom Schloss jeden Blickkontakt mit mir und scheint mich nicht mehr zu kennen.

Aber er leidet wohl unter retrograder Amnesie, denn schon nach dem Mittagessen wummert es wieder an meine Tür.

Verblüfft stehe ich vor der Führungskraft in weißen Adiletten und einem blauen Bademantel. Hektisch schlüpft er an mir vorbei in mein Zimmer und salbadert etwas von „Klärungsbedarf": Er müsse da UN-BE-DINGT was wegen gestern Nacht klarstellen, und obwohl er gleich einen wichtigen Termin habe, sei er deswegen quasi aus der Dusche gesprungen, um mich schnell noch zu erwischen …

Ja. Nee.

Ist klar …

Nachdem er unaufgefordert Platz genommen und seine nackten Waden (mit meinem Kopfkissen!) vor Zug geschützt hat, teilt er mir umständlich mit, dass ihm der gestrige Abend doch ziemlich peinlich sei. Es sei einfach so über ihn gekommen – der Alkohol … äh, ja … – aber er habe sich den ganzen Abend schon psychisch als auch physisch so angezogen gefühlt … und durch meine brüske Zurückweisung fühle er sich nun irgendwie total abgelehnt und in seiner männlichen Eitelkeit gekränkt.

Ach. Was.

Dann entwirft er noch die Metapher vom Kaufmann, der einer schönen Frau seine Ware (sein Schloss, sein Sportwagen, sein – sonst was!?) feilgeboten habe – während sie desinteressiert und missachtend vorbeistolziert sei und der sich nun geprüft – und für nicht gut genug befunden fühle.

Ich versuche wirklich, ihm zuzuhören – und nicht dauernd daran zu denken, dass unter seinem Bademantel womöglich seine nackichten, frisch geduschten Klöten baumeln.

Hatte der Typ sie eigentlich noch alle?

Doch ich vermeide jedwedes feixendes Grinsen und teile ihm stattdessen mit, dass ich ihn ja nun keineswegs völlig unsympathisch finden würde. Doch könne ich mich als verheiratete Frau mit anderen Männern durchaus amüsieren, ohne gleich moralische Insolvenz anmelden zu müssen.

„Fremdgehen" habe gestern irgendwie nicht auf meiner „To-Do-Liste" gestanden und keinesfalls sei mir der Sinn danach gewesen, ihm um Mitternacht in seinem Büro noch die Lewinski-Nummer oder Bunga-Bunga nach Gutsherrenart zu liefern.

Ich sei mit der Hege und Pflege nur eines Ehemannes schon hinreichend überfordert, so dass ich mir den Trend zum Zweitmann schon aus nervlichen Gründen nicht leisten könne.

Aus gegebenem Anlass befrage ich ihn dann genauer nach seinem aktuellen Beziehungsstand, zu dem gestern Nacht irgendwie nichts wirklich Informatives herauszukriegen war.

Schließlich nötige ich ihm eine aktuelle „lauwarme Wochenend-Beziehung" ab und sage: „Na, siehste!"

Dann schiebe ich den frisch geduschten und begossenen Pudel Richtung Tür und wünsche ihm noch einen schönen wichtigen Termin.

Für den Abend steht als Damenprogramm ein „gemütlicher Kaminabend im Schloss" im kleinen Saal und kleiner Runde auf dem Programm.

Dort werde ich dann wieder demonstrativ mit Aufmerksamkeits-Entzug gestraft, indem er sein darniederliegendes Selbstwertgefühl von der blondesten Handwerks-Amazone, die sich ihm schon am Abend zuvor in der Milli-Bar vergebens angebiedert hatte, wieder aufrichten lässt.

Mir wird diese Art teilnehmender Beobachtung seines Schlossherren-Charmes langsam zu blöd, ich gähne unverholen und verabschiede mich früh.

Obwohl ich weiß, dass es sich bei seiner Balz mit der drallen Blonden um gekränkte männliche Eitelkeit handelt, ist der Gedanke daran, er würde in dieser Nacht vermutlich mit einer blonderen und schwingungsfähigeren Person durch das Schloss spuken, mir nicht ganz so gleichgültig, wie ich es mir wünsche.

***

Der letzte Seminar-Tag bricht heran, und beim Frühstück klagen meine Mitstreiterinnen (vor allem die dralle Blonde) über den gestrigen, ereignislosen Abend. Kurz nachdem ich mich verabschiedet habe, sei auch der Akademieleiter gegangen und so nach und nach hätten sich auch alle anderen aus dem Staub gemacht. Der Abend in der Milli-Bar sei eben nicht mehr zu Toppen gewesen.

Ich beiße mit Lust und großer Befriedigung in mein Frühstücks-Brötchen und beschließe, mich als einzige Auserwählte für seine nächtliche Schlossführung geschmeichelt zu fühlen und es dabei zu belassen.

Wann immer ich ihm im Tagesverlauf begegne, habe ich das Gefühl, Teil einer gemeinsamen Geschichte zu sein, deren Ausgang noch offen ist, und da heute der letzte Seminar-Tag ist, bin ich so gestaltungsfreudig, um sie heiter ausklingen lassen.

Er registriert das mit Wohlwollen und lässt wieder seinen Charme auf mich sprühen.

In der Mittagspause schlendern wir in Grüppchen gemächlich um das Schloss und wir plaudern versöhnlich über die Inhalte des Seminars – meiner Meinung nach eine ebenso dröge Veranstaltung wie der Seminarleiter. Die engagierte Führungskraft hört mir sehr aufmerksam zu und befragt mich zu möglichen Alternativen und Ergänzungen, die ich anregen kann.

Ich finde es lobenswert, dass er für frischeren Wind in der Akademie sorgen will. Ich finde, der Typ macht einen guten Job in tollem Ambiente und scheint noch viel vorzuhaben. Das imponiert mir, weil ich dasselbe auch gerne von mir behaupten würde.

Und nüchtern und bei Licht betrachtet hatte er ja schließlich beim Klopfen an meine Kemenate nicht nur als Mann einiges riskiert – als Akademieleiter stand schließlich sein Job auf dem Spiel, wenn so eine Seminarschnecke ihn der sexuellen Belästigung bezichtigen würde.

Ich spreche ihn also offen auf unsere gemeinsame „Nachtwanderung" an und versichere ihm die seiner Stellung und meinem Ehestand gebotene Diskretion.

Er hört sich meine Variante eines netten und versöhnlichen Seminar-Abschlusses an und scheint noch an seiner Version zu arbeiten.

Am Nachmittag wird im Seminar reflektiert, was das Zeug hält, und die meisten Seminaristinnen schwärmen von dem „tollen Seminar" – wobei einige eher den Abend in der Milli-Bar meinen. Den Seminarleiter scheint das nicht sonderlich zu interessieren. Der findet sich auch ohne jedes Feedback ganz großartig.

Dann gibt es noch das hübsch-hässlich gestellte Andenken-Foto auf der Treppe vorm Schloss.

Ich gehöre zum Bespaßungs-Komitee für den letzten Abend, um der Abschiedsparty den nötigen Pfiff zu geben, und schlage ein pantomimisches Ratespiel vor, das ein voller Erfolg wird: Der Herr vom Schloss macht sich zum Deppen, während die Damen vor Wonne kreischen. Ich beobachte mit therapeutischer Schwingungsfähigkeit, dass es bei ihm offensichtlich Lichtjahre her ist, dass er mal in froher Runde gespielt hat und leite ihm zuliebe noch ein Zungenbrecherspiel an. Er zeigt mir ein zähnefletschendes Wolfslächeln: „Das rächt sich noch, Rotkäppchen, das rächt sich noch!"

Wir genießen den letzten Abend miteinander. Und sprühen Wortwitz, präsentieren uns einander und wir flirten, dass die Schwarte kracht. Die anderen bilden allmählich nur noch die Rahmenhandlung unserer Geschichte – haben sie das nicht schon die ganze Zeit getan? Vor ihnen unser kleines Geheimnis zu verbergen, ist anregend. Heute Abend habe ich Spaß daran, verdeckt umworben und angeflirtet zu werden. Und dass er dreizehn Jahre älter ist als ich, schmeichelt mir ungemein.

Die souveräne Haltung, mit der er alles Schöne im Leben als ihm selbstverständlich zustehend betrachtet, diese Mischung aus Unverfrorenheit und Macht, unterwandert langsam meine Abwehrhaltung: Ich bin beeindruckt von meinem Gegenteil und mein im Handwerksbetrieb funktionalisiertes Sein tankt sich an seinen zur Schau gestellten Wichtigkeiten auf.

Als er in dieser Nacht an meine Türe klopft, habe ich schon dahinter gestanden und ihn erwartet.

Nachdem wir ebenso umtriebig wie unzüchtig im Schloss herumgespukt hatten, fuhr ich verknallt nach Hause – und verbrachte sehnsüchtige Wochen bis zum zweiten Teil des Seminars. Und diesmal hatte ich in fremdgeherischer Vorfreude nicht nur diverse Teelichtlein für die erotikfördernde Illuminierung seines Büros wieder dabei, sondern auch ein Paar grazile Hauspantöffelchen der Marke FMS (Fick-Mich-Schläppchen) sowie etwas aufwendigere scharfe Schlüpper und Nachthemden für erwartete nächtliche Schlossführungen im Seminarköfferchen. Will sagen: ich wurde mit ebenso viel Vorsatz wie Vergnügen mutwillig seine Geliebte.

Ich taumelte von Treffen zu Treffen im Zustand einer Spätpubertierenden mit offensichtlicher hormoneller Unter- oder Überversorgung. Ich fieberte dem neuronalen Feuerwerk von Oxytoxin, Serotonin und dem ganzen anderen Rat Pack in der Birne entgegen wie ein Junkie dem besten Stoff, den er kriegen kann.

Da ich bis über beide Ohren in die Wirkung meines Verliebtseins verliebt war, hielt ich bedauerlicherweise ihn für den gottgleichen Verursacher meines Glücksrausches, nicht die von Erotik nur noch selten prickelnden handwerklichen Bemühungen meines Angetrauten im heimischen Ehebett.

Der Herr vom Schloss genoss meine Verliebtheit gnädig, und nach der „unkomplizierten, kleinen Liebschaft", die wir seiner Meinung nach gehabt hatten, ordnete er mich immer planmäßiger in seinem prall gefüllten Filofax zwischen all den anderen Egofucks seines erfolgreichen, männlichen Lebens ein.

Unsere Liäson verschaffe ihm „Ausgewogenheit", wie er sagte – was mir von Anfang an das zweifelhaft tolle Gefühl gab, ich sei so eine Art „erotisches Wellnessprogramm" für einen gestressten Geschäftsmann.

Er verstand es dennoch immer wieder, mir bei meinen Aufenthalten im Schloss und Umgebung zu vermitteln, dass es meine unnachahmliche Einzigartigkeit sei, der er mit Haut und schütterem Haar verfallen und nach der er süchtig geworden sei.

Dezent sorgte er dafür, dass ich als „häufige Seminarteilnehmerin mit besonderer Lärmempfindlichkeit" immer dasselbe Zimmer bekam. Natürlich das in einem separaten Gang neben seinem, so dass wir nicht nur über sein nächtliches Büro, sondern auch über diverse Zimmer und Seminarbetten verfügen konnten. Kurzum: der Prinz und sein Schloss standen zu meiner Verfügung.

Bis seine Frau mit den Kindern dort einzog.

Natürlich war er verheiratet und natürlich betrog er Frau und Kinder, sein soziales Umfeld, seine Logenbrüder und wasweißichwennoch mit der Lässigkeit und Chuzpe des gediegenen Ehrenmannes.

Und natürlich wollte ich nicht wahrhaben, dass jemand, der so ausgebufft betrügen konnte, natürlich auch mich betrog:

Erst gestand er mir seine erste, geschiedene Ehe.

Dann seine zweite Ehe.

Dann ein gemeinsames Kind, ein fünf Jahre altes Mädchen.

Dann noch die zwei adoptierten Mädchen seiner Frau aus ihrer ersten Ehe, acht und zehn Jahre alt.

Es gibt Situationen im Leben, in denen der Satz „Schließlich könnte alles noch viel schlimmer kommen" nicht gilt. Doch da war es schon zu spät für den ambulanten Liebes-Entzug – da hatte ich schon zu viele Liebesnächte im Dornröschen-Schloss verbracht und meine Scheidung eingereicht.

***

Traumprinzen-Sharing Teil II
Man sieht sich immer zweimal im Leben ...!

Inmitten der bäuerlich-ländlichen Kulisse am linken Niederrhein, in einem Ort von geringer Größe und noch geringerer Bedeutung, hatte ich mich mit meinem muselmanischen Ehemann No. 2 angesiedelt. Nachdem ich drei Jahre lang in einer bergbaugeförderten Wohnung direkt gegenüber der Zeche „Niederberg" die Multi-Kulti-Version bergmännischer Wohnkultur kennengelernt hatte, war ein Landleben ohne nennenswerte Busverbindung noch die heimeligste Alternative preiswerten Wohnens an Rhein und Ruhr.

Wir waren nicht mehr ganz jung und hatten trotzdem noch viel vor, deshalb waren wir beide jahrelang zur Abendschule gegangen. Diese nette Freizeitbeschäftigung kannte ich schon aus meiner ersten Ehe.

Und die binationale Verwandtschaft begann zu munkeln, dass zu viel schulisches Engagement in Sachen Allgemeinbildung dem häuslichen Frieden nur abträglich sein würde. Ich war Anfang 40 und für mein geplantes Studium an der FernUni in Hagen brauchte ich meinen ehelichen und verwandtschaftlichen Frieden.

In den Werbe-Wochen vor unserer Hochzeit hatte mein glutäugiger Osmane aus Kaffeeland es noch meisterhaft verstanden, sich außer um seinen Job in Deutschland und die Großfamilie am Bosporus auch durchaus schwingungsfähig um meine Wünsche und Bedürfnisse zu kümmern.

Ich hatte damals nicht geahnt, dass er solche enormen Anstrengungen wie türkische Restaurantbesuche mit Schmachtgesang, Bauchtanz und folkloristischem Hopsassa zu den Klängen von Saz und Surna nur aufgebracht hat, weil er davon ausgegangen war, dass ich mich später dafür erkenntlich zeigen würde.

Zum Beispiel dadurch, dass ich ihm vom Zeitpunkt der Eheschließung bis dass der Tod uns scheidet nicht nur eine Aufenthaltsgenehmigung verschaffen, sondern mich ausschließlich nur noch um seine Wichtigkeiten (Job, Abendschule, Studium), Interessen (Großfamilie am Bosporus) und Bedürfnisse (Bewunderung) kümmern würde.

Im Verlauf unserer Multi-Kulti-Ehejahre hatte das Anforderungsprofil für mich als „Frau an seiner Seite" darin bestanden, ihm die deutsche Sprache und Kultur so nahe zu bringen, dass er in der Lage war, nach sechseinhalb Jahren Abendschule sämtliche deutsche Schulabschlüsse abzuliefern und Medizin zu studieren.

Dazu war es erforderlich gewesen, ihm seine gewohnte häusliche Infrastruktur zu erhalten und auch alle unterstützenden Arbeitsfelder im sozialen und alltäglichen Bereich in Deutschland und am Bosporus abzudecken.

Selbstverständlich hatte auch ich mich mit der türkischen Sprache und Kultur, seinen türkischen Arbeitskollegen, ihren Familien und unseren türkischen Freunden sowie der Großfamilie am Bosporus beschäftigt. Und ganz nebenbei hatte ich die FOS Sozialpädagogik, die allgemeine Fachoberschulreife und dann das Abitur an der Abendschule absolviert.

Doch die türkisch-deutschen Clans wollten mich zukünftig lieber als Vollzeit-Ehegatten-Betreuerin sehen.

Darin waren sie sich mal alle einig gewesen, und der Tag war gewiss nicht fern, an dem mich mein Arzt-Ehemann in spe als unbezahltes Faktotum für den reibungslosen Ablauf seiner Praxis anfordern würde.

Ich hatte mein Bedürfnis nach etwas Aufregenderem und Spannenderem auf meiner Lebensbühne mal wieder nicht in den Griff gekriegt. Nun hatte ich sämtliche Jodeldiplome und wollte auch die schönen Aussichten, die sie mir boten, genießen.

So lernte ich meine zweite Lektion in Sachen Ehe: türkisches Patriarchat und deutsche Unabhängigkeitsbestrebungen schienen sich gegenseitig auszuschließen.

Im Laufe unserer bewegten dreizehnjährigen Ehe hatte sich die leidenschaftliche Verehrung meines sechs Jahre jüngeren Gatten nach und nach in die leidenschaftlich eifersüchtelnden Nachstellungen eines osmanischen Paschas verwandelt.

Seinen unwiderstehlichen Charme pflegte er vorwiegend außer Haus und vor Publikum zu versprühen, während unsere Wohnstatt für ihn ein heimeliger Hort für Regeneration in langen Unterhosen und Zornesausbrüche mit mangelnder Affektkontrolle gewesen war.

Der büffelnde Zorn meines Gatten vertrug keine Auseinandersetzungen auf Augenhöhe. Und ich vertrug keinen Mann, der mir permanent seinen Willen aufzwingen wollte. Was ich ihm übel nahm, war, dass ich ihm Welten erschloss, während er mir Welten verschloss.

Eines frustrierten Tages habe ich beschlossen – nach dreizehn Jahren Streitorchester – nicht mehr die ewig zweite Geige spielen zu wollen und sein Gastspiel in meinem Leben mit einem famosen Paukenschlag zu beenden.

Sollte ich in meinem Leben jemals wieder einen Arzt brauchen – würde ich mir einen auf Krankenschein nehmen.

Eines Tages hatte ich ihm seine gepackten Koffer samt Wichtigkeiten-Katalog vor das Hotel Ehefrau gestellt – mit dem ernstgemeinten Auftrag, er möge sich ein Zimmer im Studentenwohnheim suchen. Und von mir aus auch eine submissive, ihm allzeit devot dienende Vollzeit-Arztgattin. Sonst hat er nie getan, was ich wollte. Diesmal tat er es ...

Und ich konnte endlich ohne Observierung und seinen Segen tun und lassen, was ich wollte. Ich hatte mein bisheriges Leben beendet, ohne auch nur die Konturen eines neuen erkennen zu können. Außer 54 Quadratmeter Freiheit und Studenten-BaföG war mir nichts an monetären Sicherheiten geblieben.

Die ersten Wochen und Monate meiner Entwöhnung von den ehelichen Pflichten und der Verwandlung zum Ichling waren eine einzige prickelnde Herausforderung. Wenn ich diesen Zustand kultivieren wollte, musste ich vor allem für die Finanzierung meiner Biographie sorgen. Neben meinem Fernstudium nahm ich also einen Halbtagsjob als städtische Angestellte an.

Ich ödete mich drei Jahre lang als Museums-Aufsicht an, schnatterte an der Touristen-Information und ängstigte mich abends und am Wochenende als Kartenverkäuferin für Konzerte und Kabarett, ob hinterher die Kasse stimmte. Ich kam finanziell über die Runden und war unabhängig, studierte mit Begeisterung an der FernUni Hagen und genoss meine unbeschränkte Freiheit ohne männliche Besatzungsmacht. Ich trank fröhlich Prosecco und reflektierte meine Männer-Geschichten über alten Tagebüchern ...

Eines Abends fiel mir dieser Brief mit der mir bekannten, schön geschwungenen Männer-Handschrift in die Hände. Aus dem romantischen Dornröschen-Schloss hatte mich mein ehemals Liebster in zahlreichen Liebesbriefen gar fein und eloquent angedichtet – und nicht alle seine Briefe waren meinem Trennungs-Zorn zum Opfer gefallen.

Ich war damals sehr verliebt und verwirrt und hatte meine erste Ehe aufs Spiel gesetzt. Erst, als mir viel zu spät dämmerte, dass er sich aus seiner lauwarmen Ehe nicht lösen würde, trat ich auf die Notbremse und die Flucht nach vorne an: Ich hatte unsere Affäre beendet, bevor mein Herz ganz und gar in Stücke gebrochen wurde.

Meine Ehe war nicht mehr zu retten gewesen.

Ich ließ mich scheiden und zog nach Duisburg-Hochfeld,

in ein Wohnklo, das sich „Single-Appartement" nannte. Dort hatte ich meinen türkischen Freund kennengelernt.

Hin und wieder hatte der Herr vom Schloss mich noch angerufen und sein Glück versucht: „Erinnerst du dich ...? Weißt du noch ...?"

Ja – ich erinnerte mich und ich wusste noch – und hatte jedes Mal wortlos aufgelegt.

Und meinem glutäugigen, osmanischen Lover das Ja-Wort gegeben ...

Nun war ich wieder frei wie ein Vogel – und übermütig wie einer, der zu lange brav zwitschernd im goldenen Ehe-Käfig gehockt hatte.

Ich schrieb einen Brief an die Arbeits-Adresse des Herrn vom Schloss, mit dem Vermerk „persönlich".

Am übernächsten Tag rief er mich an und mein Herz klopfte in ungewohntem Stakkato.

Er freue sich riesig – auch, dass ich mich (mal wieder) getrennt habe – und er müsse mich un-be-dingt wiedersehen. Bedauerlicherweise fahre er über Ostern nach Italien – mit der Familie. Sobald er zurückgekehrt sei, würde er sich umgehend bei mir melden ...

Ich hatte also noch drei Wochen Zeit, um mich für dieses Wiedersehen nach siebzehn Jahren zu rüsten – und mindestens 10 Kilo abzunehmen.

Für das Date wollte ich diesmal meinen Heimvorteil nutzen – ohne ihn zu mir nach Hause einzuladen. Mein in Trennung lebender Osmane hatte noch einen Schlüssel und Wäschereinigungs- und Besuchsrecht. Er wähnte sich noch in dem Glauben, ich würde ihn nach ein wenig Selbsterfahrung reumütig bitten, zu mir zurückkehren. Schließlich war er ja schon Fast-Arzt und, Zitat: „... einen Besseren wie mich findest du nicht!"

Das fand ich amüsant.

Für das Treffen mit meinem Ex-Geliebten wählte ich eine nahe gelegene Kleinstadt wegen ihres mittelalterlichen Flairs. So könnte ich, wenn nicht mit einem Schloss, mit der kurkölnischen Landesburg und vielen mittelalterlichen, historischen Baudenkmälern protzen. Und ihm ganz nebenbei meine Abendschule, meine Lieblingskneipen in der Altstadt, meinen neuen Arbeitsplatz im Franziskanerkloster und meine kleine, heile Single-Welt zeigen.

Dann sollte ihm klar sein, dass er es nun mit einer unabhängigen, gebildeten, berufstätigen, studierenden, reifen und unglaublich anziehenden Frau zu tun hatte. Kurzum: Ich wollte ihm imponieren und mich als Alpha-Weibchen positionieren.

Und falls er noch das Alpha-Männchen sein sollte, das ich in Erinnerung hatte, könnte man ja sehen, ob man später, unter Ausschluss der Öffentlichkeit, in privatem Ambiente noch dies und das austauschen wollte.

Nach langem Beratschlagen mit „my best girlfriend" Elke hatte ich den Schlüssel zu ihrem sturmfreien Appartement in der Altstadt bekommen. Sie würde indes bei ihrer neuesten Eroberung, einem Pharmareferenten, in Köln weilen. Es war kurz nach Ostern, als ich mich hoch motiviert und sorgsam sexy gekleidet auf den Weg zu meinem Wiedersehen mit meiner ehemals verhängnisvollen Affäre aufmachte.

Nach meiner Ankunft an der Burg schlotterten mir dann die Knie vor Aufregung:

Oh. Mein. Gott. Er hatte eine Fünfundzwanzigjährige in Erinnerung – und ich war inzwischen über Vierzig! Wie alt war er jetzt? Dreiundfünfzig?

Hoffentlich hatte der noch Haupthaar und wenigstens ein paar Naturzähne ...

Da kam mir vom Parkplatz an der Burg ein distinguierter Herr im dezenten Business-Zwirn entgegen, der mir gleich bekannt vorkam: Er war es!

Ein wenig grauer und fülliger als damals – aber immer noch tadellose Führungskraft. Mit geneigtem Kopf schritt er auf mich zu und strahlte mich mit weit geöffneten Armen an. Dann drückte er mich mit sichtlicher Erleichterung an sein Silberrücken-Herz: „Menschenskind – dich erkennt man ja noch, Skoerat! Hmm, mein Gott, was riechst du gut!"

Danach brauchten wir erstmal viel Bewegung. Das Adrenalin schlotterte in puddingweichen Knien und schwitzte in nassen Patschehänden. Wir konnten uns verlegen mit dem nasskalten Wetter herausreden und er musste mich gleich in den Arm nehmen und wärmen.

Während wir spazieren gingen und meine kleine Single-Welt um mich herum verschwomm, erzählte er mir lachend, er habe mich in seinen schlimmsten Alpträumen mit Kopftuch, Krampfadern und vier plärrenden Rotzblagen an der Hand gesehen. Und ich erwiderte, dass er mein Nachtmahr als dicker, schwitzender Opa in Fritz-Walter-Gedächtnishosen und schlecht sitzendem Fetthaar-Toupet war.

Nachdem wir die Burg, das Kulturforum im Franziskanerkloster und den Park mehrmals umrundet hatten, fühlten wir uns reif für einen Caféhaus-Besuch. Ich gab routiniert die Touristenführerin: „Für ein Tête à tête des Best-Agers von Welt mit seiner Lady ohne Alter halte ich es für angemessen, ins gediegenste und teuerste Café am Platze zu gehen, mit freiem Blick auf die Burg – übrigens erbaut im Jahre ..."

„Halt jetzt mal die Klappe, Skoerat – ich brauche jetzt einen Cognac!"

Ich auch. Und Schokokuchen. Und eine Toilette. Und eine Zigarette ...

Als ich beim zweiten Cognac und der dritten Zigarette

war, stellte ich fest, dass ich eigentlich seit Monaten nicht mehr rauchte und nie Cognac trinke.

Er auch nicht, lachte er und packte sein Pfeifen-Set aus. Eine neue Gewohnheit. Hmmm ... roch gut, befand ich, als er die ersten Rauchzeichen paffte. Die Damen hinter ihm räumten erbost das Feld.

Wunderbar. Hatten wir also keine weiteren Zuhörer mehr und konnten uns die letzten siebzehn Jahre am Stück erzählen.

Nachdem wir etliche Sahnetorten, Milchkaffees und Cognäckchen geordert hatten, waren wir in allerbester Plauder-Stimmung. Als hätte man sich durch ganz dumme Umstände nur mal kurz aus den Augen verloren.

Ich fragte artig nach den Kindern. Seine Jüngste studierte in Köln, die beiden Älteren lebten in Italien. Eine war mit einem Italiener verheiratet: „Die teuerste Hochzeit aller Zeiten, das hat mich ein Vermögen gekostet, kann ich dir sagen ..." Die andere studierte in Florenz.

Ich fragte unartig nicht nach der Frau Gemahlin.

Und er erzählte artig nichts von ihr.

Stattdessen erfuhr ich, dass er bei einem seiner Sehnsuchtsanrufe in meinem Duisburger Appartement meinen muselmanischen Gatten an der Strippe gehabt hatte. Der hatte ihn, obwohl er ihm eine rührende Geschichte vom ehemaligen Kollegen erzählte, sofort als DEN Ex-Lover vor seiner Zeit enttarnt und ihm diverse unschöne Konsequenzen für seine Gesundheit angedroht, falls er es noch einmal wagen sollte ...

Ach. Interessant – hatte er mir gar nicht erzählt.

Dann wollte er meinen Trennungsgrund von Ehemann No. 2 wissen.

„Wenn du jetzt fragst: Hatterdichgeschlagen?, haue ich dir eine runter, Pallada!"

Statt über meinen muselmanischen Ehemann wollte ich

lieber über den Herrn vom Schlosse und seine unrühmlichen Taten reden: Warum hatte der sich zum Beispiel damals die Mühe gemacht, mein Herz zu erobern, um es danach permanent in kleine Stücke zu hauen, weil seines schon an Frau und Kinderschar vergeben war?

Er hatte eine kurze Antwort: „Weil das so nicht geplant war."

So einfach war das also.

Geplant war eine kleine, unkomplizierte Affäre. Und ich war schuld gewesen, weil ich so kompliziert war, mich in ihn zu verlieben?

Und daraus hatten sich Komplikationen ergeben, mit denen schließlich niemand rechnen konnte ...

Ach. Was.

Wie schön, dass ich nun an seiner knappen Vergangenheitsbewältigung ebenfalls ein ausgiebiges Wörtchen mitzureden hatte:

Erst nachdem ich meinen Ehemann No.1 – wegen dieser verhängnisvollen Affäre – verlassen hatte und in ein kleines, schäbiges Appartement in Duisburg-Hochfeld gezogen war, hatte der Herr vom Schloss langsam damit begonnen, mir reinen Wein einzuschenken.

Sehr, sehr langsam.

Und das legte den Verdacht nahe, dass er sich den wundervollen Zustand einer Made, die im Speck lebte, nicht so schnell durch dumme Geständnisse zerstören wollte.

Er räusperte sich verlegen: „Ich wollte dich nicht verlieren ..."

„Nee, ist klar: und alles andere auch nicht!"

„Ich wollte niemanden verletzen ..."

„Hmm. Dafür hast du dann ALLE verletzt ..."

Seine Frau hatte irgendwann etwas geahnt. Und da war ein Weinen und Wehklagen ...

Und natürlich hatte er langsam begonnen, ihr reinen Wein einzuschenken.

Sehr, sehr langsam.

Das legte den Verdacht nahe … na, siehe oben.

Seine Entscheidungsnot hatte sich ein Jahr und sechs Monate dahingeschleppt. Im Laufe unserer bewegten, kleinen Liebschaft hatte sich mein Galan in einen Mann verwandelt, der seine Frau mit immer größerer Selbstverständlichkeit mit mir betrog. Und ich konnte mich des Eindrucks nicht erwehren, dass er das routiniert und mit Chuzpe bewerkstelligte.

Wenn er bei mir war, hatte er „Geschäftstermine", und weil er aus Duisburg stammte und seine Mutter dort lebte, „Familienbesuche" oder „Treffen mit alten Freunden".

Und Zuhause im Schloss residierte seine nichts ahnende Ehefrau samt Kinderschar und alle waren stolz auf ihren fleißigen und sozial kompetenten Ehemann und Papa.

Wenn wir ausgingen, dann niemals in der Innenstadt – da hätten ihm Freunde oder Mutti über den Weg laufen können. Also trieben wir uns notgedrungen in der nahen Umgebung Hochfelds herum.

Das Dornröschen-Schloss war nun in fester Familienhand, daher war nichts mehr mit schick ausgehen und Händchenhalten bei „unserem" Italiener vor dem Schloss. Dafür gab`s häufig einen Rundumeinkauf beim ALDI, und danach brutzelten wir in meiner Hochfelder Appartement-Küche was Schnelles: Der Handlungsreisende, der mittags vorbeikam, musste spätestens um 18 Uhr in postkoitaler Bettflucht wieder unter die Dusche und sich auf den Weg machen.

Was ich ihm übel nahm war, dass sich meine Liebe nach seinem Terminkalender zu richten hatte und er meinen Wohnraum in eine Absteige verwandelte.

Bis ich eines frustrierten Tages beschloss, nicht mehr die ewig zweite Geige in seiner furiosen Dreiecks-Seifenoper

zu spielen und sein Gastrolle in meinem Leben mit einem Paukenschlag zu beenden.
Und nach unzähligen Ankünften und Abschieden hatte ich ihm seine Reisetasche samt Wichtigkeiten-Katalog vor das Hotel Nitribitt gestellt. Mit dem ernst gemeinten Auftrag, er möge sich zum Teufel scheren und von mir aus mit Frau Gemahlin und Kindlein noch ein feines Restleben haben.

Wie die Ereignisse sich doch ähneln: Sonst hat auch er nie getan, was ich wollte. Diesmal tat er es …

***

Vor mir saß nun ein Mann, der es offensichtlich gut verschmerzen konnte, sich ohne mich ein schönes Restleben gemacht zu haben.

Mistkerl!

Und nichts ist schlimmer, als wenn einem dieser Mistkerl auch noch Recht gibt: „An deiner Stelle hätte ich mich auch vor die Tür gesetzt!"

Und er deutete an, dass es besser so gewesen sei – es hatte in seinem weiteren Leben eine große Krise gegeben, die ihn beinahe Kopf und Kragen gekostet hat. Ich könne froh sein, davon verschont geblieben zu sein.

Oha. Das klang vielversprechend. Wie er aussah, konnte es ja so schlimm nicht gewesen sein.

Aber er zierte sich und entzog sich meinen Nachfragen. Dies sei wohl weder der richtige Zeitpunkt noch der richtige Ort …

Damit konnte ich dienen.
Ich schlug ihm das Elke-Appartement in der Nähe vor, „and he was very amused …"

Dort redeten wir intensiver über „die Sache mit der Steuerhinterziehung" – schon um uns unauffällig wieder einander anzunähern. Obwohl uns nach Ausschluss der Öffentlichkeit seltsam zumute war: Wie lauteten die Benimm-Regeln für Mann und Frau, die ein Verhältnis miteinander hatten, sich fast zwanzig Jahre nicht gesehen haben und nun zusammen in einer fremden Wohnung sitzen?

Wir verfielen erstmal in allgemeine Betriebsamkeit und zogen die Vorhänge zu, zündeten Kerzen an, entkorkten eine Weinflasche, suchten giggernd Gläser in der Küche und ließen leise Musik erklingen.

Wie sich die Situationen ähneln ...

Er erzählte mir ausführlicher von der Zeit, in der die Steuerfahnder aufgrund einer Anzeige das Schloss in Beschlag genommen hatten und sein erfolgreiches, gut situiertes Leben auf den Kopf gestellt worden war: „Es gab Zeiten, in denen mich ALLE gemieden und ich mich im Spiegel nicht mehr wieder erkannt habe ..."

Es war noch mal glimpflich für ihn ausgegangen. Man hatte ihm nichts nachweisen können und außer einer Geldstrafe war er noch mal davongekommen. Aber seine Reputation und der Job hatten auf dem Spiel gestanden: „Das habe ich mir nach und nach alles wieder erarbeiten und neu erobern müssen ..."

Tja. Da saßen zwei Kämpfer am Lagerfeuer. Und ich erzählte ihm, wie ich mich in den letzten siebzehn Jahren durchgeboxt hatte ...

Und später gab`s auch wieder einen Dornröschenkuss. Eine Reminiszenz an alte Zeiten? Das mochte für die ersten fünf Minuten ja noch gelten ...

Das war nur die feierliche Eröffnung eines erotischen Tsunamis.

Und der verwandelte die stylische Elke-Wohnstatt innerhalb kürzester Zeit in einen rechten Sündenpfuhl. Lustvoll durchstreiften wir die aufregend unbekannt-bekannte Geographie der Lust mit dem triumphierenden Gefühl, dass das, was wir da taten, verrückt zu nennen war.

Es war spät geworden und seine postkoitale Bettflucht kam mir irgendwie bekannt vor.

Und wieder hielt ich ihn für den gottgleichen Verursacher meines erotischen Erweckungserlebnisses – und nicht die abturnenden ehelichen Bemühungen meines moslemischen Ehegatten. Ich lebte schon so lange in der sexuellen Einöde, dass es aufregend genug gewesen wäre, nackt neben einem Mann zu liegen ...

Ich bildete mir tatsächlich ein, dass jetzt alles anders sein würde. Weil mir die alten Fehler nicht noch mal passieren würden: Ich war von vornherein über wesentliche Fakten seines Lebens informiert und auch nicht mehr daran interessiert, mein Leben mit ihm zu verbringen. So vermied ich alte Fehler – und machte fröhlich neue.

Eine Zeitlang trafen wir uns nur zu Kurzreisen. Wir verreisten oft und gerne quer durch Deutschland, nach England und Italien. Da er beruflich viel unterwegs sein musste, fiel seine ständige Abwesenheit zuhause nicht weiter auf, und für mich waren diese Kurztrips eine willkommene Abwechslung im Arbeits- und Studienalltag.

Wir waren gerne zusammen unterwegs – zu oft für eine „kleine, unkomplizierte Liebschaft", aber nie lange genug, um ernsthaft zu streiten oder eine tiefe Vertrautheit entstehen zu lassen. Es waren anfangs gemeinsame Fluchten in die perfekte Welt einer Beziehung mit limitiertem Zeitfenster.

Das Reisen zu zweit gab mir die Möglichkeit, mich wieder einmal als Teil eines Paares zu fühlen – nur diesmal ohne eheliches Streitorchester. Und während er seinen Geschäften nachging, konnte ich den Tag nach meinem Gusto verbringen und ihn spätnachmittags oder abends zu gemeinsamen Aktivitäten wiedersehen. Eine deutlich angenehmere Variante als die Reisen mit Ehemann an den

Bosporus – für mich eher Schwerstarbeit und Survival-Training denn Urlaubsreisen.

Mein Geliebter kam bei Reiseantritt mit der guten Laune und Fröhlichkeit eines Schuleschwänzers, war während der Reise unternehmungslustig und übermütig auf Sinnesfreuden bedacht wie ein Pennäler auf Klassenfahrt und gegen Ende ein ruhiger und zufriedener Gast nach dem Schlemmern in einem Gourmet-Tempel.

Wenn er ein Kater gewesen wäre, hätte er geschnurrt.

Natürlich wandelten sich unsere Wünsche und Bedürfnisse im Laufe der Zeit. Hatte ich noch in Phase Eins die unternehmungslustige Gefährtin ins geplante Abenteuer gegeben, veränderten sich die Anforderungen in Sachen Reisebegleitung in Phase Zwei – etwa nach einem Jahr. Er fing an, einen demonstrativ zur Schau gestellten Bunga-Bunga-Besitzerstolz zu zeigen: Mann wollte tagsüber von anderen beneidet werden und nachts sich selbst beglückwünschen.

In Sachen Erotik war ich es gewohnt, Hungrige satt zu machen – nun sollte ich Satte hungrig machen.

Das erforderte ein deutlich höheres Budget an Nitribitt-Klamotten, als eine Halbtagsbeschäftigte und Studierende sich leisten konnte und führte mich immer öfter zu unangenehmen Gesprächen mit meiner Kontoführerin.

Und es gefiel mir immer weniger, vom geschulten Blick der Hotel-Rezeptionisten als eine „Reisebegleiterin der besondern Art" taxiert und so scheißfreundlich behandelt zu werden, wie man eine Nicht-Ehefrau eben behandelt.

Auch hatte ich keine Freude daran, abends mit einsamen Handlungsreisenden an der Bar zu hocken und am nächsten Morgen am Frühstücksbuffet von anständig verbandelten Paaren auf eine unangenehme Weise angestarrt zu werden.

Wir fielen auf – schon wegen des Altersunterschiedes – aber auch, weil die Welt durch das Verhalten meines Galans unbedingt erfahren sollte, was für ein toller Hecht er war.

Mit der Zeit veränderten sich auch seine Reiseeinladungen. Sie wurden zu Reisebegleitungs-Anforderungen, die er gerne fröhlich beschickert spätnachts ins Telefon bellte: „Pack die Badehose ein, Skoerat – morgen fahr`n wir gen England – und übermorgen in die weite, weite Welt!"

In Phase Eins schmiss ich noch enthusiasmiert in selbiger Nacht eine Ladung Spitzendessous in die Maschine, bügelte diverse Outfits, packte Reisetaschen, goss Blumen auf Vorrat und regelte morgens die Kurzzeit-Betreuung meines verwirrten Köters, der trauerte, weil er nicht mitreisen durfte – denn Mann war kein Hundefreund.

Es dauerte ungefähr ein Jahr, bis mich diese Kurzzeittrips nicht mehr begeisterten, sondern einfach nur anstrengten. Und es gab eine Vorlaufzeit allmählicher Klarsicht auf eine beträchtliche Anzahl von Charakterzügen, die ich nicht toll an ihm fand.

Reisen bildet.

Seine Weinkenntnis zum Beispiel. Sie konnte nicht nur theoretischer, sondern auch beängstigend praktischer Natur sein. Andere geistige Getränke von Bier über Champagner bis Grappa und Caipirinha folgten in buntem Reigen durch den Tag.

Ich hielt nur noch mäßig mit und übte mich in teilnehmender Beobachtung.

Es dauerte eine Weile, bis ich allmählich nicht mehr daran vorbeischauen konnte, dass aus dem fröhlichen Zecher von vor zwanzig Jahren mittlerweile ein Spiegeltrinker geworden war.

Bald kam er nach einem Tag üppigster Gaumen- und Leberfreuden nicht mehr an der Hotelbar vorbei, ohne noch einen kleinen Absacker zu nehmen.

Statt mit mir lüstern das Hotelbett anzustreben, steuerte er schnurstracks auf dieses Ambiente absoluter Ödigkeit zu, wo auf verpupsten Barhockern Geschäftsleute und die, die sich dafür hielten – mit halbseidenen jungen Schnittchen oder notgeilen Damen besten Alters verweilten.

Die Persona des erfolgreichen, wortgewandten Akademieleiters, Lebemannes und Logenbruders bekam allmählich Risse, und manchmal fiel der schöne Schein ganz.

Wenn ich den Gehasselhofften aufs Zimmer abschleppen und ihm dann die eine oder andere Lebensbeichte abnehmen musste. Und er mir danach beim Liebesdienern einschnarchte. Und am nächsten Morgen einen Filmriss hatte, der auch mit Paracetamol nicht zu reparieren war.

Ich hatte Klärungs- und Redebedarf, er blockte ab und blieb bei Beschwichtigungsversuchen und heiterer Verleugnung seines Problems hängen.

Nachdem er mich das erste Mal in sein Ferienhäuschen in Holland eingeladen hatte, lernte ich Frau und Kinder kennen.

Nicht persönlich – via Fotos, um die ich ihn gebeten hatte – und per gefühlter Anwesenheit in diesem Familien-Refugium.

Nach zwei mal einem Jahr Liebschaft mit diesem Mann blickte ich seiner Frau ins Antlitz.

Eine gut aussehende und aparte Frau.

„Warum guckt sie so traurig?"

Er zeigte wortlos auf sich

An diesem Abend wollte ich seine Geste noch nicht verstehen.

Aber bald heulte ich Rotz und Wasser:

„Ich kann das alles nicht mehr ...!"

„Das ist mal wieder typisch Frau: erst wollt ihr ALLES ganz

genau wissen – und dann ertragt ihr`s nicht!“

Stimmte. Nicht.

Ich ertrug vor allem mich nicht mehr in dieser Rolle:

„Ich kann und will nicht mehr in euren Betten mit dir schlafen, in eurer Küche mit dir kochen, von euren Tellern essen, in eurem Garten ihre Rosen zuschneiden und Blumen säen – mit dem Wissen, dass sie sie im nächsten Jahr schneidet und das Haus damit dekoriert.

Ich will nicht mehr an Weihnachten und Ostern und allen übrigen Feiertagen aus Verzweiflung arbeiten, weil ich mir nicht den ganzen Tag vorstellen will, wie die große Familie mit Kindern, Enkelkindern und Schwiegersöhnen ein rauschendes Fest im Schloss feiert.

Ich kann nicht mehr fremdschämend zu Boden oder gen Himmel sehen, weil du Bekannte im Restaurant entdeckt hast und unter den Tisch hechtest vor Sorge, sie könnten uns zusammen sehen und es deiner Frau erzählen.

Ich will nicht mehr mitten in der Nacht von dir aus dem Schlaf geklingelt werden – um von dir, fröhlich beschickert auf dem Herrenklo sitzend – zu erfahren, auf welchem festlichen Event ihr gerade seid.

Ich kann deine Anrufe aus dem Urlaub nicht mehr ertragen, wo du – während sie sich unter der Camping-Dusche gerade bettfertig macht – in mein Ohr flüsterst: „Ich bin hier am schönsten Platz der Welt – leider mit der falschen Frau!“ Ich fange an, dir zu wünschen, sie möge das mit anhören. Und dich nackt und ohne Wohnwagen und Geld am Arsch der Welt aussetzen.

Ich will nicht mehr zusehen, wie du mit vor Freude zitternder Stimme eine Flasche Schampus entkorkst. Und dich sagen hören: „Heute gibt`s was ganz Besonderes zu feiern, Skoerat – ich bin Opa geworden!“

Ich ertrage es nicht, wie du mir deine Antrittsrede als Meister vom Stuhle vorliest und dabei nicht nur unser Altersunterschied, sondern zwei völlig unterschiedliche

Sichtweisen der Welt im Raum stehen. Für mich ist eine Loge ein brauchtümelnder Altherrenverein mit sich mir nicht erschließenden, geheimniskrämerischen Ritualen. Du warst mal in der Burschenschaft – mit solchen Leuten wollte ich früher nichts zu tun haben. Für dich geht es angeblich um Stand und Ehre, Tugendhaftigkeit und Mannestreue. Ich lache mich kaputt. Und frage dich, was die Herren täten, wenn sie wüssten, dass du deine Antrittsrede postkoital im Bademantel deiner Geliebten geprobt hast …

Ich will nicht mehr, dass du angeschlichen kommst und mir seufzend und kummervoll erzählst, du hättest deiner Frau alles erzählt. Sie sei vollkommen zusammengebrochen. Und wie du ihre Verzweiflung nicht aushältst, sondern Tage später bei mir einziehen willst – nur vorübergehend, bis sich der schlimmste Sturm gelegt hat. Und ich ein mulmiges Gefühl der Beklemmung bekomme bei dem Gedanken, dass du auch am nächsten Tag noch da bist, wenn ich von der Arbeit komme."

Es kam der Morgen, an dem ich ihn schon dreimal angerufen hatte und seiner Sekretärin anzuhören war, dass er sich verleugnen ließ. Ich war beunruhigt: Was war bloß los mit ihm?

Ich ließ nicht locker. Und als ich ihn endlich am Telefon hatte, klang seine Stimme metallisch: „Ich kann jetzt nicht reden. Leg auf. Lies erst den Brief!"

„Welchen Brief?"

Er hatte einfach aufgelegt und ich weigerte mich, noch zu ahnen, was geschehen war.

Mittags erreichte mich sein Brief mit der blassblauen Männerhandschrift:

Verzeih mir, ich kann nicht anders. Ich bin feige. Es ist vorbei.

Mampfred

Sie gehört zu der Sorte leicht verstörter Frauen, die Partys nicht sonderlich mögen. Ein Aspekt ihrer Verwirrung, der besonders tiefgreifende Auswirkungen auf ihre Figur hat, ist ihr Fluchtverhalten bei privaten Veranstaltungen, wo vorwiegend Pärchen zugegen sind.

Es geht ihr auf den Zeiger, zu teilnehmender Beobachtung einer öffentlich zur Schau gestellten, glückseligen Zweisamkeit genötigt zu werden. Daher verdrückt sie sich, so schnell und unauffällig es geht, in die Küche des Gastgebers, wo sie mit anderen autistischen Singles in vereinter Schweigsamkeit kauen und verdauen kann.

In dieser Küche scheint sie Schwein zu haben: ein vielversprechendes Buffet mit wenig Salat an viel westfälischem Schinken und Knackwürsten. Daran ein einziger männlicher Gast mit der erotischen Ausstrahlung eines Stubenbesens.

Noch hat sie keinen Schimmer, dass sie sich bereits im Vorfeld einer Grenzerfahrung befindet.

Gerade, als sie den Ärmel ihrer Seidenbluse hochkrempelt, um über der Schüssel mit dem Kartoffelsalat ihren Teller zu beladen, hebt er zu Sprechen an, wobei er sie gleich in radikaler Akzeptanz duzt: „Du kommst mir bekammt vor. Kamm es seim, dass wir uns schommal begegmet sind?" Dabei schlenzt er sich derart gierig den Kartoffelsalat rein, dass sie aus einigen Metern Entfernung den gelblichen Majonnaise-Belag auf Zähnen, Zahnfleisch und Zunge begutachten und eine Fettleber diagnostizieren kann.

„Hier ist noch ein lauschiges Plätzchen frei, Schätzelein!" fordert er sie auf, wobei er mit einer Pranke einladend neben sich auf die Eckbank klatscht und die gelben Zähne bleckt. Anschließend greift er wieder zur Gabel und mampft stoisch weiter.

„Brim` mir doch moch zwei Mettwürste mit, wo du schommal stehst!", gibt er seine Bestellung an sie auf, während sie am Buffet meditiert. Ein-at-men. Aus-at-men.

Als sie ihn widerwillig mit Nachschub versorgt hat und sich zwei Mettwürste an den Salatberg auf seinem Teller schmiegen, lobt er sie wie einen alten Gaul: „Ma, geht doch." Fehlt noch, dass er ihr jetzt wohlwollend den Hintern tätschelt.

„Die Frauen hierzulande sind ja wenig fürsorglich, nä? Das finnichnichgut. Da lob ich mir die Frauen im der Ukraine oder aus Thailand, das sag` ich dir". Er hechelt lüstern wie ein grenzdebiler Mops vor der Metzgerei.

Während sie sich einige Meter von ihm entfernt auf der Kante der Sitzbank niederlässt, wischt er sich mit einem karierten Baumwolltaschentuch den Schweiß von der Stirn, rülpst Luft auf und schenkt ihr ungefragt einen Korn ein: „Ich bin der Manfred, Prostata!"

„Die deutsche Frau", dozierte er weiter, während er sich wohlig schmatzend seinem Essen zuwendet, „ist heutzutage so umentspammt. Will eim schömes Lebem, aber michts dafür tum. Das finnichnichgut. Da geht man als Mamm besser ims Auslamd. Da kriegste moch was fürs Geld, weißte was ich meim`?"

„Ich fürchte", brummelt sie und stochert unmotiviert mit ihrer Gabel im Heringssalat.

„Ach, hab` dich man mich` so – du bist sicher keim Kimd vom Traurigkeit, nä?"

„Ich weiß nicht, was Sie meinen."

Er wischt sich den fettigen Mund ab und stiert wohlgefällig auf ihren Busen.

„Na, Frauen in deinem Alter fliegen auch gerne zum Tick-Tacki nach die Neger – sieht man doch im Fernsehen!"

„Ach was?!"

„Oha. Da hab` ich jetzt wohl ... war nich` böse gemeint, nä? Bist noch `n guter Schuss für dein Alter – hab` ich gleich gedacht, wie du reingekommen bist. Gibste mir mal den Senf rüber? Wie alt biste – Fuffzich?"

Sie lässt die Gabel auf ihren Teller knallen.

Er kaut unverdrossen weiter. Sein Gelage scheint höchste Konzentration zu erfordern. „Schätzeleinm, du bist sicher ´me interessamte Persömlichkeit – aber wemm ich wählen kamm zwischem deutscher Trockemzone und thailämdischem Feuchtgebiet, wuharrrharrr ..."

Nichts ist Erschöpfender als ständige Konversation.

Sie schweigt beharrlich und starrt schwingungsarm an ihm vorbei auf den Küchentisch.

Schön, dass es noch Menschen gibt, die andere trotzdem gerne unterhalten.

Das unförmige Objekt gegenüber hat sich hochgewuchtet und den Gürtel über seinem Wanst zeigefreudig gelockert.

„Boo, was hab` ich gefressen! Jetzt muss ich mal für kleine Königstiger – nich` weglaufen, ich komm gleich wieder, nä?"

Trostlos stiert sie in ihr Glas. Der Klügere kippt nach, also genehmigt sie sich gerade den zweiten, als ihre Freundin in die Küche schaut.

„Hier steckst du! Was war das denn für `n schräger Vogel, der mir da gerade entgegenkam?"

„Das ...", sagt sie, wie in Trance zur Salatschüssel greifend, „das war Mampfred", und stopft sich den Kartoffelsalat direkt aus der Schüssel in den Rachen.

Schleudertrauma

Es war mal wieder so weit.

Nachdem ich wochenlang mit Mara in ihrer Küche abgehangen hatte – in dem vergeblichen Versuch, unser Stimmungstief mit diversen alkoholischen Getränken aufzufüllen, straffe ich endlich mein angeschickertes Haupt und verkünde, so gut es geht: „Mara, meine teure Freundin, ich kann mich an allesss gewöhnen – nur nich an die Männer! Lasss uns mal wieder wegfahren, nur du und ich, wir zwei …!"

Mara fällt mir begeistert um den Hals: „Un-be-dingt! Eine Woche nur unter Frauen: In ausgebeulten Jogginghosen Pralinen fressen, Prosecco saufen, Videos gucken und vor allem: Keine Kerle!"

„Bloß das nicht!" stöhne ich. „Gestern habe ich meinem Geliebten während des Koitus freundlich auf die Schulter getippt und gefragt, ob er was dagegen hat, wenn ich auch mitmache …"

„Du hast wenigstens noch Sex!", seufzt Mara, und dabei blitzt ihr der unverhohlene Neid aus den Augen. „Seitdem mein Mann in der Firma Stress mit seinem neuen Chef hat, ist der abends so geschafft, dass sein Jadestab der tausend Freuden nur noch den Schwellkörper-Blues spielt …"

„Ich wünschte, ich hätte es zur Abwechslung auch mal mit einer trägen Schnecke zu tun – das wäre wenigstens mal \`ne schöne Herausforderung – im Gegensatz zu meinem omnipotenten Herrn aus dem gehobenen Management. Wenn der mich mal wieder zwischen zwei Geschäftsreisen „einschieben" kann, dann meint der das leider auch so, mit seiner verdammten fuck-and-go-Mentalität!"

„Erfolg macht eben geil!", grinst Mara und entkorkt eine neue Flasche Prosecco.

„Oder unverschämt!", ergänze ich. „Stell dir vor, Mara: Als wir neulich aus der Sauna kamen und ich mich gerade im Bett so schön muggelich müde einrolle, sagt der doch glatt zu mir: „Machst du es mir noch schön mit der Hand, Schatz? Kann ich immer so gut nach einschlafen ..."

Habe ich geantwortet: „Okay. Wenn du mich nächstes Mal schön in den Schlaf leckst, nä?"

„Hä, hä,hä!", giggert Mara und klopft mir anerkennend auf die Schulter.

„Wo wir gerade dabei sind: Sag mal, rasierst du dich eigentlich – da unten, meine ich ..."

„Aus Prinzip nicht!", antworte ich im Brustton der Überzeugung. „Ich verpasse mir ab und an mal `n netten Haarschnitt da unten und das war`s denn auch schon. Warum?"

„Na, ich dachte ... weil die Männer doch angeblich so drauf stehen, wenn man da ganz nackig ist, nä?"

„Wenn das deinem Mann wieder auf die Sprünge hilft – nur zu! Frage mich nur, warum du ihm nicht gleich `ne Gummimuschi zum Geburtstag schenkst ... dann muss er sich mit dem natürlichen, sprechenden Rest nicht weiter beschäftigen, harrr, harrr. Und weißte was, mein Mara? Ich glaub, ich bin beschoffen!"

Nachdem wir ca. 23 Stunden ausgeschlafen haben, brummt uns gewaltig der Schädel. Aber nach und nach erinnern wir uns daran, was wir zu nachtschlafender Zeit in Maras Küche verabredet haben: Heißa, am Wochenende machen wir Mädels eine Spritztour – ohne Männer!

Mara ist eine begnadete Fahrerin vor dem Herrn, ich eine begnadete Versorgerin. Als sie mit ihrem Kleinwagen in die Straße einbiegt, wo mein Haus wohnt, schleppe ich gerade den zweiten Picknickkoffer nach unten.

„Liebelein, Liebelein!", murmelt Mara, als sie meine kleine Reisetasche und die zwei voluminösen Fresskörbe sieht.

„Wer soll das denn alles essen – wir sind doch nur drei Stunden unterwegs?"

„Aber du hast gesagt, ich soll Kartoffelsalat machen ...!", maule ich.

„Ja, schon, aber ..."

„... und Buletten! Und Würstchen! Und Gurken!", komplettiere ich beleidigt wie eine Diva ihre Bestellung.

„Ist ja schon gut, mein Fresssack!", seufzt Mara und lässt ihren Kofferraum aufschnappen.

Und dann ist es endlich so weit. Wir sind in extrem exaltiertem Zustand und verlassen unsere Männer auf bestimmte Zeit: Oversexed or underloved – egal! Wir wollen gaaanz weit, weit weg und vor allem: Gaaanz lange. Deshalb haben wir eine Woche Schwarzwald gebucht.

Das war jetzt das Billigste, was wir auf die Schnelle bekommen konnten.

Nach zwei Stunden Absingen frivoler Lieder haben wir tatsächlich Hunger, müssen mal und wollen ein beschauliches Stündchen lang möglichst viel unbedecktes Fleisch in die pralle Sonne halten. Am schönsten Rastplatz vor dem schwarzen Wald halten wir an: Weit und breit nichts los, wir sind die Einzigen hier und quietschen vor Wonne, als wir die Fresskörbe zu den fest installierten Esstischen und Bänken schleppen. Wir nehmen einen, der sowohl Aussicht in die Ferne als auch zu Maras Auto bietet und packen munter aus ...

Gerade, als wir es uns so richtig schön gemütlich gemacht haben und anfangen, zu futtern, kommt ein Schlitten auf den Parkplatz gefahren, der sich sehen lassen kann.

Aus dem rasanten Gefährt steigt ein Mann mittleren Alters im gutsitzenden Armani-Anzug und reckt und streckt sich.

Momentan habe ich eine bessere Sicht auf ihn als Mara, die mir gegenübersitzt und sich gerade ein Schüppchen

Kartoffelsalat neben ihre Frikadelle kellt: „Achtung, Mara – gutaussehender Herr von links ...", grinse ich süffisant, und Mara lässt verdutzt den Löffel sinken.

Der gutsituierte Herr dehnt sich noch ein wenig, dann schlendert er gemächlichen Schrittes an unserem Tisch vorbei, ohne uns auch nur eines Blickes zu würdigen. Ich stopfe mir demonstrativ eine Frikadelle in den Rachen: Von gutsituierten Herren aus dem gehobenen Management habe ich genug – den schenke ich Mara ...

Die verfolgt ihn aus den Augenwinkeln – ein bisschen zu gierig, finde ich.

Als er gruß- und blicklos an uns vorüberflaniert ist, zische ich: „Unhöflicher Flegel!"

„Aber gut sieht er aus!", stellt Mara fest und schaut ihm sehnsuchtsvoll hinterher, wie er so scheinbar absichtslos über die Wiese streift.

„Ach komm, der will nur pieseln!", raune ich. "Guck bloß mal, wie der die Bäume anvisiert – und tut dabei so, als ginge er spazieren, der feine Pinkel, hä, hä ...!"

Ich futtere fröhlich weiter, und da er jetzt ganz aus meinem Blickwinkel verschwunden ist, denke ich auch nicht mehr weiter an ihn. Ich erzähle Mara den neuesten Witz: „Kommt `ne Frau beim Arzt ...!"

Doch Mara hört mir gar nicht zu. Sie hat aufgehört zu essen. Stattdessen starrt sie über meine Schulter irgendwohin in die Ferne...

„Ey, Mara, hörst du mir überhaupt zu?", frage ich beleidigt.

Mara bekommt ganz runde Kulleraugen.

„MARA!"

„Dreh dich nicht um!", flüstert Mara. „Nicht umdrehen!"

„Und warum nicht, wenn ich fragen darf?" maule ich.

„Weil ... der Typ, der Mann mit dem Sportwagen, der ist jetzt am Baum und ..." Mara kann nicht mehr weitersprechen.

„... Kackt?“, rate ich mal so ins Blaue.

„Nee. Sieht eher so aus, als ob der sich einen runterholt ...“, murmelt Mara, ohne den Blick von ihm abzuwenden.

„Das glaubichnich!“, rufe ich und wechsele behende auf Maras Seite. Und glaube, meinen Augen nicht trauen zu können: Steht der feine Pimpf doch tatsächlich mit heruntergelassenen Hosen da, wedelt sich einen von der Palme und guckt rotzfrech über die Schulter, was wir nun machen.

„Ei der Daus, ein Dödel“, sage ich verdutzt und spritze mir versunken etwas zu viel Majo auf mein Solei.

„Ist aber `ne Knicklatte“, stellt Mara sachkundig fest und tunkt versonnen ihre Knackwurst in den Löwensenf.

Einträchtig sitzen wir da nebeneinander und stopfen uns wie in Trance in den Mund, was so auf dem Tisch herumliegt.

Seine Handarbeit bekommt inzwischen etwas Manisches.

„Meinst du, der war einfach geil – oder macht ihn das jetzt geil, dass wir da sind?“, raunt Mara und fingert sich eine saure Gurke aus dem Glas, ohne dabei den Blick von dem Typen abzuwenden. Dabei läuft ihr das Gurkenwasser die Hand herunter bis zum Ellenbogen. Erschreckt dreht sie ihren Arm zum Mund und leckt mit der Zunge von ihrem Unterarm bis zur Hand das Wasser ab.

„Wenn du so weitermachst ...“, raune ich zurück und lege den Kopf ein wenig schief, um eine bessere Perspektive zu haben. „... Hat ganz schöne Klöten, der Junge, nä?“ Ich brauche jetzt was Deftiges: Knackwurst!

Mara zutzelt noch immer an ihrer Gewürzgurke und macht auch mich langsam wuschig ...

Gerade, als ich das bisschen zu viel Senf von der Spitze meiner Wurst lecke, sagt Mara:

„Och Menno ...!“

„Was ist demm, kamm man mich mal im Ruhe am seimer Wurst ...?", mümmele ich.

Sieht so aus, als hätten wir zwei ihm den Rest gegeben ...

„Sollen wir jetzt zu ihm rübergehen und ihm gratulieren – oder kondolieren?", frage ich.

Mara seufzt tief. Und räkelt sich wie nach einer langen Kinovorstellung.

Der Typ schlendert inzwischen – als sei nichts gewesen – wieder langsam auf sein Auto zu.

Mara reibt sich die Schultern.

„Was ist – biste verspannt, Liebelein?", frage ich besorgt.

Mara grinst.

„Nä – ich glaub`, eher ich hab `n Schleudertrauma ...!"

Erna geht

Ich bin geboren, als es im Fernsehen noch Sendeschluss gab. Vielleicht finde ich es deshalb ganz normal, meine Ehe mal abzuschalten.

Mein Mann ist Rentner. Und ich habe seit Jahren die liebe Last mit diesem trockenen Workoholic. Wenn ihn der Suchtdruck wieder plagt, pflügt er meine Blumen im Garten um, reißt Aufgebautes ein und fällt Bäume, die er mal gepflanzt hat. Sein Schaffensdrang hat etwas Morbides und Zerstörerisches. Seitdem er alt wird, erträgt er den Wildwuchs natürlicher Schönheit nicht mehr. Überall muss er kontrollieren, maßregelnd eingreifen und seiner Umwelt den Stempel seiner fortschreitenden Verspießerung aufdrücken.

Danach hat er dann „Rücken" und „Blutdruck" und hängt wochenlang im komatösen Zustand vor der Glotze – bis zur digitalen Demenz.

Zunächst schien mir die Akzeptanz der Geschehnisse schlicht am Unaufwendigsten. Er wird eben alt, was soll es. Das Schweigen der Männer sind wir ja gewohnt. Nur dass er jetzt mit seinem Gebiss malmt, wenn er schweigt. Beim Fernsehen stört das weniger, aber wenn ich nachmittags gemütlich Kaffee trinke und stricke, nervt mich das Herumgekaue und Zungenspiel mit seiner Zahnprothese.

Wegen seiner Nervosität habe ich ihn beim Hausarzt zum Check-up angemeldet. Als er zurückkommt, ist er aufgebracht: „Stell dir vor, morgen will der eine Blut-Urin-Speichel-Sperma- und Stuhlprobe von mir!" Habe ich ihm geraten, doch einfach seine geliebte, braune Cordhose mitzunehmen und an der Rezeption abzugeben …

Nun soll er abnehmen. Hat der Arzt gesagt. Ich soll für ihn nur noch Diät kochen, verlangt mein Mann. „Von mir aus", habe ich gesagt. „Aber was machen wir, wenn du zwanzig Kilo abgenommen hast und immer noch Scheiße aussiehst?"

Was auch nervt, ist seine Besserwisserei. Mit ihm ein Gespräch zu führen ist wie hartes Brot kauen. Zu allem hat er eine gängige Meinung und ein Vorurteil, das mit dummstolzem Blick doziert wird. Wenn er mich wenigstens mal mit etwas ganz individuell Abstrusem überraschen würde – aber nein, nur Allerweltsdünkel, der in hehrer Überzeugung dahergelabert kommt. Hoden-Esperanto eben. Dabei ist er so ungebildet, dass ich mich regelmäßig fremdschäme. Vor allem im Ausland. Als wir mal in Paris in einem dieser sündhaft teueren Restaurants waren, hat er sich, weil er die Speisekarte nicht lesen konnte, Singvögel bestellt. Und konnte keinen Bissen herunter kriegen, weil sie ihn von seinem Teller aus toten Augen anstarrten. Und als wäre das nicht schon blamabel genug, das teure Essen nicht anzurühren, ruft er noch den Oberkellner: „Hallo, Clochard, zahlen!"

Zuhause benimmt er sich schon unmöglich beim Essen, rülpst und bläht bei Tisch, aber da kriegt es wenigstens keiner mit außer mir. Im Urlaub ist er sich für keinen Fettnapf zu schade und blamiert mich nach Kräften, wo er kann. Wie dieses Jahr in Griechenland. Da wollte er extra hin, angeblich, weil es den Griechen wirtschaftlich so schlecht geht – doch eigentlich nur, um die mit seiner guten Rente zu demütigen. Und was sagt mein Ehemann, als der Kellner uns den Begrüßungs-Ouzo bringt: „Einmal Sirtaki – aber ohne Reis, mit Pommes, bitte!"

Eigentlich bin ich mehr für ein befristetes Liebesverhältnis von 8-18 Uhr. Danach will ich meine Ruhe. Ich wollte schon lange getrennte Schlafzimmer. Doch er schnarcht leider nicht. Und ein anderer fadenscheiniger Grund ist mir bisher nicht eingefallen, um ihn umzubetten. So kauert er abends immer noch im Brackwasser greisenhaft-lüsterner Erwartungshaltung auf seiner Seite des Ehebettes, wenn ich mich im Bad fertig mache. Grauenhaft, wenn man schon weiß, was kommen wird – und wer kommen wird. Seine erotischen Phantasien sind pragmatisch, der Sex ist ergebnisorientiert und selbstverständlich auf seine Bedürfnisse bezogen. Und der glaubt tatsächlich, dass ich noch ganz wild auf seinen Seniorenstift bin ...

Wenn er heute aus dem Garten zum Essen hereinkommt, bin ich schon weg. Ich habe ihm noch einen prima Seniorenteller mit Erbsen, Möhren, Kohlrouladen hingestellt. Mit Kartoffelbrei.

Und auf diesem habe ich den Abdruck meines Hinterns hinterlassen.

Und die Botschaft:

„Ich will einfach mal raus aus der Käfighaltung Ehe und gucken, was passiert, wenn ich meinen Arsch mal in die Freiheit halte."

***

Ludwig bleibt

Ich bin geboren, als ein Mann noch ein Mann sein durfte. Das Einzige, worin wir uns gerne spiegelten, war unser Testosteron-Spiegel, unsere Sprache war Hoden-Esperanto und wir Burschen haben uns gewundert, dass wir bei unserer Körperbehaarung überhaupt aufrecht gehen konnten. Jetzt bin ich verheiratet mit der Schwester der Liebe: Enttäuschung.

Irgendwann habe ich angefangen zu überlegen, ob das mit Erna eine gute Idee war: Jetzt ist sie zu alt für Lambada, zu jung fürs Seniorenheim.

Meine Frau ist der bockige Rest radikal-feministischer Überzeugungen. Als Kind befragt, was sie denn mal werden wolle, wenn sie mal groß ist, hat sie bestimmt gesagt: Eine mürrische, alte Schachtel!

Man kann nicht in Ruhe seinen Garten umgraben, ohne dass sie das besserwisserisch kommentieren muss. Nichts kann man ihr Recht machen, niemals ist etwas gut genug, um ihren Ansprüchen zu genügen. Manchmal möchte ich ihr sagen: Kannst du dich bitte woanders hinstellen und da Scheiße drauf sein?

Zunächst schien mir die Akzeptanz der Geschehnisse schlicht am unaufwendigsten. Sie wird eben alt, was soll es. Tagsüber stört mich ihr Gemecker weniger, da habe ich genug zu tun, um vor ihr zu flüchten. Aber abends will sie „reden“ – als ob sie nicht schon ausgiebig genug bei Tag monologisiert hätte!

Mit ihr ins Restaurant zu gehen ist auch keine gute Idee. Ich schweige – während sie meistens in einem so extrem exaltierten Zustand ist, dass sie gar nicht zum Essen kommt. Manchmal möchte ich sie fragen: Aus welchem Sprachcontainer hast du das denn wieder gefischt? Sie ist nur peripher gebildet und daher latent peinlich. Ein Schwall Häme, gewürzt mit einer Prise Larmoyanz, ergießt sich in unaufhaltsamen Logorrhöen über mich, während ich in Duldungsstarre mein Essen in mich hineinschaufele und so tue, als hörte ich ihr zu. Dabei geht sie mir nur noch auf die Nerven mit ihrem Intellekt kurz vorm Knäckebrot und der Erotik einer Hausstaubmilbe. Ich ertrage ihre bad-hair-weeks, die sie mit viel Make up zu kaschieren versucht. Wenn ich sie dabei beobachte, erinnert mich das mehr an Bauernmalerei.

Gott, was war dieses Weib für ein Schuss, als sie noch im vollen Saft stand! Heute hat sie ihren täglichen Oralverkehr mit Schokoladentorte. Schon mal was von einer verkehrsberuhigten Zone gehört? Sie ist eine. Mehr und mehr entwickelt sie sich zu einem UFO (Unförmiges Frauliches Objekt). Ich hab nix gegen ältere Frauen. Auch in alten Kirchen kann man noch die Messe lesen. Aber diese Wuchtbrumme ist eine horizontale Herausforderung. Und ich muss nett zu ihr sein, wenn ich Schnackseln will. Wie ich diese präkoitalen Demutsgesten hasse!

Meine Libido wäre im Zustand der Mumifizierung, wenn es nicht Bunga-Bunga auf Rädern gäbe. Wenn Erna Kegelabend mit ihrer Hormocenta-Truppe hat, kommt Olga. Zum Nacktputzen. Ich bevorzuge Damen aus dem Osten – bei denen kann man Nützliches mit Lustvollem verbinden – wenn die Kohle stimmt. Und Erna zahlt gut – in dem Glauben, es handele sich um eine Putzhilfe. Womit sie im gewissen Sinne auch Recht hat: Die putzt was weg, die Olga, die feudelt und schrubbt, dass es mir eine Lust ist!

Ich bin für ein Frauen-upgrade: Lieber `ne süße Neue als `ne saure Alte! Mal sehen, was Olga dazu sagt.

Sinnend betrachte ich den Abdruck, den sie im Kartoffelpüree hinterlassen hat: Ach, Erna. Dein Arsch war doch das Beste an dir!

Ich bin immer so alleine ...!

Die Bahnhofsuhr zeigt 17.45 Uhr und die Linie 61 fährt in die Ödnis unseres kleinstädtischen Busbahnhofes ein. Ich muss also noch ein Viertelstündchen warten, bis der Bus eintreffen wird, der mich in meinen wohlverdienten Feierabend schaukelt.

Da tippt jemand von hinten an meine Strickjacke. Ich drehe mich zu einem kleinen, alten Mann um, dessen hagere Altmänner-Knöchel an meinen Rücken pochen wie an die Einganspforte zum Paradies. Ich mustere ihn fragend.

„Ich bin immer so alleine ...", beginnt er unvermittelt die Konversation.

Ich stammele perplex: „Äh ..., das tut mir aber leid."

Dann fällt mir erstmal nichts mehr ein.

Das Optimum meiner Schwingungsfähigkeit habe ich im Laufe meines turbulenten Arbeitstages abgearbeitet. Jetzt bin ich nur noch müde, hungrig und will nach Hause ...

„Ich bin immer so alleine!", wiederholt er eindringlich und ein Blick aus trüben Augen krallt sich an mir fest.

Du liebe Güte. Es gibt Menschen, die so vereinsamt sind, dass sie vor lauter Elend hier am Busbahnhof sitzen, um Kontakt zu bekommen. Einsamkeit ist etwas Schreckliches!

„Hmm", räuspere ich mich, „... das sagten Sie bereits. Haben Sie denn keine Angehörigen?"

„Einen Sohn. Der wohnt in München", antwortet er.

„... und hat eine große Firma. Im- und Export. Hat immer viel zu tun."

Ich nicke mitfühlend. Hört man ja immer wieder, dass Kinder sich so weit wie möglich aus dem Staub machen und sich nicht um die alten Eltern kümmern.

„Und ihre Frau?"

„Ist vor fünf Jahren gestorben."

„Oh, mein Beileid. Und Freunde – haben sie keine Freunde?"

„Alle tot."

„Was ist mit Ihren Nachbarn?"

„Die wollen lieber unter sich sein."

Oha. Jetzt besser nicht nach Haustieren fragen. Sicher auch alle tot ...

Was mache ich jetzt mit diesem einsamen Opa? Das ist doch ein Appell, den ich nicht so einfach überhören kann. Ob ich einfach meinen Bus sausen lasse und mit ihm einen Kaffee trinke? Aber warum eigentlich ich?

Unschlüssig sehe ich mich unter den Wartenden um: Auf der anderen Straßenseite kauern zwei Teenager auf dem Bordsteig, eine Mutter mit kleinem Kind steht daneben, und in einiger Entfernung sitzen drei Seniorinnen auf der Bank und bewachen ihre Einkaufstüten.

Wenn der alte Herr so einsam ist, warum hat er nicht die Seniorinnen dort drüben auf der Bank angesprochen? Eigentlich habe ich keinen Bock auf betreutes Bahnfahren ...

„Wollen wir zwei uns einen schönen Abend machen?"

Ich starre ihn ausdruckslos an.

„Wie bitte?"

„Ich hab` Geld ...!"

Ich glaube es einfach nicht, dass er das meint!

„Und was hatten Sie sich da in etwa so vorgestellt?", frage ich aus purer Lust am Fragen.

„Wir beide könnten einen Trinken gehen ...", schlägt er vor. Sein Altmännerblick hat etwas Lauerndes, während er auf meine Reaktion wartet.

„Und später machen wir uns dann einen gemütlichen Abend." Er initiiert ein gewinnendes Zahnprothesenlächeln. Ich fühle ich mich plötzlich zu müde, um die Mundwinkel zu heben.

„Hundert Euro?"

Ich schnappe nach Luft: „Also, das ist doch ..."

Die älteren Damen sehen neugierig zu uns herüber.

„... Sie ticken wohl nicht ganz richtig!"

Der könnte mein Opa sein, Menschenskind! Wenn er `ne schnelle Nummer gegen Kohle sucht, warum hat er nicht die vollbusige, straßenköterblonde Bitch im Minirock dort drüben angegraben?

„Nicht böse sein, bitte nicht böse sein!", flüstert der Alte beschwichtigend, als ihm meine Empörung entgegenweht. Das habe ich gerne: Erst unsittliche Angebote machen und dann kein Aufsehen erregen wollen!

Jetzt steht dieser Lustgreis wie ein begossener Pudel da. Tut mir fast schon wieder ein bisschen leid ...

„Hundertfuffzich?"

„Jetzt sehen Sie aber zu, dass Sie Land gewinnen!", keife ich entnervt.

Sind wir hier bei „Versteckte Kamera"?

Ich sehe mich nach möglichen Beobachtern um. Die drei älteren Damen, die uns die ganze Zeit observiert haben, sind nicht in Hörweite, schauen aber grimmig zu mir herüber. Für sie bin ich hier das Luder, das einen armen, alten Mann anbölkt.

Was soll ich machen? Die Flucht nach vorne ergreifen und abhauen, bevor der Alte mir ein weiteres Angebot macht und die Damen mich wegen Seniorenfeindlichkeit an den Pranger stellen?

Unschlüssig meditiere ich meine Schuhspitzen an. Das scheint meinem betagten Freier neue Hoffnung zu machen, sein grauer Star ruht jetzt unverhohlen lüstern auf meinem Busen.

Aus den Augenwinkeln sehe ich, dass sich meine Buslinie langsam der Haltestelle nähert.

Okay – wer Nutte bestellt, soll auch Nutte kriegen.

Ich lecke mit der Zungenspitze lasziv über meine Lippen:

„Okay – Dreihundertfuffzich. Falls Sie ihren Seniorenstift überhaupt hochkriegen. Und nur unter der Bedingung, dass Sie mich als Begünstigte ihrer Lebensversicherung einsetzen – falls ich Sie zu Tode bumse!“

Frauen – und Schlimmeres

Marie-Pascale Gräbener, aus der Serie:
Poseidons Rache an Pasiphaë

Was heisst hier: Wechsel-Jahre!

In meinem Leben habe ich stets selber für fällige Wechsel gesorgt. Eines meiner Lieblings-Life-Events ist beispielsweise Kündigung, dicht gefolgt von Scheidung. Meine Trennungskompetenzen sind bereits ordentlich entwickelt – was brauche ich jetzt noch Möpse, die nicht mehr keck am gewohnten Platz hervorlugen, sondern sich auf Selbstfindungstrip nach Osten, Westen oder Süden befinden?

Das Perfide ist, dass du das erst nicht mitkriegst, wenn sich diese Wechseljahres-Vampire an deine fidelen Zellen heranmachen, um dich zu einem Moppel-Ich mutieren zu lassen, das ungläubig staunenden jungen Menschen erklären muss: „Ich schwöre bei Gott – diese biegsame Gazelle in Kleidergröße 36 auf dem vergilbten Foto ist wirklich eure Omi!"

Es ist ein verdammter Mist: Kaum hast du als Frau im Oberstübchen mal alles schön beieinander – da bricht dir der Rest weiter unten schon wieder zusammen!

Und komme mir jetzt keiner mit körperlicher Ertüchtigung 50 plus! Ich verspüre nicht den leisesten Hauch von Lust, gedemütigt zu werden. Als reifes und gestandenes Weibsbild lasse ich mir ungern von fremden Männern dabei zuschauen, wie mir in diesen wandverspiegelten Muckibuden unter der Folter auf der Oberschenkel-Maschine die Beine zur Blutgrätsche gespreizt werden oder ich beim Pilates das vom „Power House" gebildete Zentrum ebenso verzweifelt wie vergeblich anzuspannen versuche. Und dann diese Geruchsbelästigung und das orgiastische Gestöhne der bezopften, stiernackigen Muskelprotze. Ich kann mich einfach nicht konzentrieren, wenn ich mich bei der Geräuschkulisse peinlich berührt frage, ob „Drückerständer" oder „Kniebeugenständer“ doch das bedeutet, wonach es klingt.

Wenn ich die Ratgeber-Literatur bemühe, gibt es für postmenopausale Mädels angeblich tausend neue Chancen zu entdecken und die schöne, neue Best-Ager-Welt ist voller Möglichkeiten. Mich beschleicht ein Verdacht, dass dies mit derselben Dreistigkeit dahergelogen kommt wie: Nach der Entbindung hat man alle Schmerzen sofort vergessen.

Meine Mutter erinnert sich heute noch en detail sämtlicher durch mich erlittenen Qualen – wenn sie auch inzwischen vergessen hat, wie ich heiße.

Da wurde ich ein halbes Leben vom Jugendlichkeitswahn gegeißelt – nur um übergangslos im Best-Ager-Kult zu landen? Und das Ganze nur, um noch ein paar Jahre länger mit püriertem Essen gefüttert zu werden, während mir unterm Tisch der Urin abgezapft und in einen Beutel umgeleitet wird?

Und dieser romantisierende Quatsch von der „interessanten maskulinen Persönlichkeit“ im reiferen Alter. Manche Lustgreise haben ca. drei bis fünf davon: beim Wein bevorzugen sie ein reifes Bouquet von großer Feinheit, edlem Gemüt und weichem Körper, der trocken, warm kräftig und gradlinig daherkommen darf. Als Lustgreise vergreifen sie sich aber vorzugsweise an süßen, unreifen Früchtchen und staunen über den überraschend kraftvollen und angesäuerten Abgang der reifen Angetrauten. Die es endlich leid ist, dass ihr Angetrauter es als Vorspiel betrachtete, wenn sie abends ins Bad ging und sich bettfertig machte …

Kein Mann, habe ich mir feierlich gelobt, wird mich noch einmal meinen Seelenfrieden kosten.

Aber mein Gynäkologe meint, dass Östrogen ein schlechter Ratgeber sei.

Östrogen-Mangel erst recht.

Ich finde, ich habe ein gutes Recht auf ein gerütteltes Maß an Larmoyanz und Sinnkrise.

Schließlich werde ich zum ersten Mal alt.

Oder wie man in Thüringen sagt: Das Leben ist gän Bönnihöf!

Wenn ich dem unaufhörlichen Verfall meiner Geisteskraft und der Erschlaffung meines Bindegewebes unbedingt Positives abringen soll, dann Folgendes: Flirten wird deutlich unstrapaziöser, wenn man älter ist. Endlich muss ich meinen Lover nicht mehr auf der Tanzfläche auf High Heels mit einer kompletten Choreo und Shakiraesken Shimmys umzappeln. Stattdessen kann ich schön relaxed bei meinem Drink sitzenbleiben und ihn wie eine argentinische Tango-Tänzerin mit heißblütigen Blicken zum Liebesdienst herbeiwinken.

Mir steht nicht mehr der Sinn danach, nach einem opulenten Essen zu seiner Luststeigerung noch einen Strip in Lack und Leder hinzulegen oder an der Stange zu turnen. Stattdessen bevorzuge ich eine ruhige und entspannte Zeit der Verdauung.

Das Alter bringt den Vorteil, mit Entschiedenheit zu wissen, was ich nicht will: nackige Sockenträger mit Bauchnabel-Flusen im Wanst. Oder Toy-Boys, die „Thorben" heißen. Ebenso wenig halte ich von postkoitalen Bettfluchten eines verheirateten Liebhabers oder tranquilizerartiger Coolness. Ich lasse mir meine kleine, heile Welt auch nicht mehr von emotional katatonen Typen kaputtmachen, die mit mir zur Entspannung Splatter-Filme wie: „Der Kinderschänder von Bullerbü" gucken wollen.

In einer Art trotziger Restwürde darf ich so mit Rechthaben beschäftigt sein, dass ich vergessen habe, worüber wir eigentlich streiten.

Und ich darf beim Spiele-Abend ungestraft die Hauptstadt von Timbuktu so verorten, dass mein Team vor Fremdschämen betroffen auf die Erde oder hilfesuchend gen Himmel guckt.

Ich gewähre mir schon vor der Demenz großzügig eine Generalamnesie. Man muss ja nicht jeden Scheiß bereuen.

Und sollte mich wieder einer dieser Telefon-Verkäufer anrufen: „Herzlichen Glückwunsch, Frau S. – Sie haben gewonnen!", werde ich so mutig sein und antworten:

„Schön – und ich möchte mit Ihnen über Gott reden ..."

Nachwort:

Die Wahrheit ist eine Jungfrau, die sich eine Zelle mit zwanzig Triebtätern teilt.

Es ist normal, ab und zu daran zu denken.

An lauen Frühlingstagen, kurz vor Weihnachten und in schwül-heißen Sommernächten.

Ist Ihr Letzter weggelaufen oder gestorben, müssen Sie Ihr Dasein nicht als autistischer Ichling fristen.

Wenn Sie ernsthaft vorhaben, sich wieder einen anzuschaffen, hat es sich bewährt, dass Sie vor dem unbedachten Vollzug eines unreflektierten Anschaffungs-Impulses einige Sachverhalte hinsichtlich der Hege und Pflege von Weggefährten berücksichtigen.

Zunächst ist vorab die Frage zu klären, ob Sie neben Vollzeitjob, Maniküre und Pediküre noch genügend Energie aufbringen können, sich um die Bedürfnisse eines von Ihnen abhängigen Wesens zu kümmern. Vom ersten feuchten Kuss bis zum letzten trockenen Abschiedsblick will er im Focus Ihrer Aufmerksamkeit stehen und liebevoll umsorgt sein.

Sie werden für seinen Auslauf und Ernährungszustand Sorge zu tragen haben, für das Training seiner körperlichen und mentalen Fitness, seine medizinische Versorgung sowie für ausreichende emotionale Zuwendung. Ein gerütteltes Maß an Streicheleinheiten und Bespaßung, falls er sich langweilen sollte, inklusive.

Falls Sie nicht viel Zeit investieren können oder wollen, empfiehlt sich das Weggefährten-Sharing – ein nicht ganz neuer Trend: ein Weggefährte, zwei Umsorgerinnen.

Allerdings bekommt man als Teilhaberin oft einen, der bereits an eine Familie und Tagesstruktur gewöhnt ist. Der wird nach der kurzweiligen Abwechslung durch ihre liebevolle Teilzeit-Fürsorge schnell darauf drängen, an den gewohnten Ess- und Schlafplatz heimzukehren. Solches Verhalten könnten Sie als undankbar empfinden.

Falls Sie lieber etwas Eigenes möchten, können Sie im Internet oder beim Universum bestellen, was mit Ihnen (Ihrer Haarfarbe, Ihrer Handtasche, etc.) am kompatibelsten ist: Größe, Behaarung, Temperament, Sportlichkeit, Jagdtrieb, Kooperation, Pflegeleichtigkeit – um einige Kriterien zu nennen.

Es gibt einschlägige Ratgeber-Literatur und Weggefährten-Börsen im Internet, wo Sie sich die beliebtesten Spezies in bewegten Bildern anschauen können. Nicht anzuraten ist, dass Sie sich an den Lichtgestalten von Film und Fernsehen orientieren. Es könnte sich herausstellen, dass dem hühnenhaften Helden Ihrer Träume Ihre real existierende Zwei-Zimmer-Wohnung in Duisburg-Hochfeld zu enge Grenzen setzt.

Beim Sonntagsspaziergang sollten Sie nicht nur darauf achten, was andere Frauen mit sich führen. Da ist Vorsicht anzuraten: Neid ist nicht immer eine gute Beraterin.

Wäre noch die Frage, ob Sie für seine Anschaffung Ihre Lebensversicherung zu investieren bereit sind oder ob Sie die preisgünstigere Variante bevorzugen.

Frauen mit Helfersyndrom können ein gutes Werk tun und einen von der Straße oder aus dem Heim adoptieren.

Die Risikofreudigeren sollten ihre Urlaubsliebe aus sonnigen Gefilden nicht gleich spontan mit zu sich nach Hause nehmen. Es kann Nachteile haben, wenn man seine Mischpoche nicht kennt.

Wer es bodenständiger mag, kann sich Fernsehsendungen anschauen, in denen nette Moderatorinnen im Dirndl den einen oder anderen sympathiefreien Hallodri und notorischen Stubenhocker vorführen:

Möchten Sie mit dem fröhlichen Fiete aus Friedrichshafen oder dem rassereinen Rex aus Rosenheim vorab eine „Hofwoche" verbringen, in der man sich erstmal gegenseitig beschnuppern kann?

Haben Sie mordsmäßig Bock darauf, in der Castrop-Rauxeler Mehrzweckhalle enthusiasmiert pfeifend und grölend Ihren eingeölten Mr. Bombastic bei seiner Zucht- und Muskelschau zu bewundern?

Sie schwärmen eher für den treuen, kleinen Kerl, der Sie mit seinen großen Augen anhimmelt, Ihnen morgens die Zeitung bringt, abends die Füße wärmt und samstags mit ihnen in der Badewanne plantscht?

Fahren Sie darauf ab, wenn der stiernackige, muskelbepackte Beschützer-Typ Sie beim Anblick männlicher Konkurrenz zähnefletschend als seinen Besitz verteidigt und unliebsame Gäste – also jeden – von Sofa, Tisch und Bett fernhält?

Das ist alles nicht wichtig?
Hauptsache, Sie finden ihn süß?

Okay.
Aber hinterher nicht beschweren.

Weil Sie sich nicht mehr in Ihre Wohnung trauen, in der der „süße Schnauzer-Mix" sich nach einiger Zeit als nervtötende Kampfmaschine entpuppt hat, die mit blutrünstigen Augen Ihre teuren Designermöbel zerlegt und die Küche in einen solchen Ausnahmezustand versetzt, dass Sie hinterher aussieht wie die Innenstadt von Kabul.

Weil der „knubbelige Knubbel" zu einem kurzatmigen, fetten Mops mutiert ist, der in kein strassbesetztes Halskettchen oder Nerzmäntelchen mehr passen will. Und sich insgesamt als träger Zeitgenosse entpuppt, der mit tranquilizerartiger Coolness Äonen komatös auf dem Sofa abhängt und mit seinem moderigen Atem die Luft verpestet. Bedenken Sie, dass nicht jeder Weggefährte über ein ausgeprägtes Ausdrucksverhalten, das Emotionen, Absichten und Stimmungen offenbart, verfügt. Das ist eine Frage des Temperaments und der Herkunft.

Wobei wir jetzt bei den heiklen Fragen bezüglich Fortpflanzung, Krankheit und Entsorgung angekommen wären: Entscheiden Sie sich für einen Jungen, sollten Sie wohl oder übel über den kleinen chirurgischen Eingriff nachdenken, wenn kein Nachwuchs gewünscht wird. Man munkelt, dass manche hinterher zum Moppligsein neigen und sich unvorteilhaft im Wesen verändern, wenn es zu spät gemacht wird. Ergreifen Sie daher früh die Initiative – dann bleibt er verspielter im Umgang mit Artgenossen, und diese unleidlichen Raufereien um das Revier haben auch ein Ende.

Nehmen Sie einen Älteren, kann das den Vorteil haben, dass die Vorbesitzerin ihn bereits fortpflanzungsuntauglich und stubenrein übergibt. Allerdings könnten sich erste Erscheinungen der Multimorbidität des Alters zeigen: Zahnfleischschwund, Rheuma oder „Rücken".
Und das kostet.

Und da wir jetzt beim „Untenrum" gelandet sind: mit dem Schwanz zu wedeln, ist für ihn natürlich und nur ein Zeichen, dass er sich über Gesellschaft freut.

Seine Libido kann ein heikles Thema sein. Blicken Sie den Tatsachen tapfer ins Auge:

Er kann Sie als seine Spielkameradin, Dosenöffnerin, Kuschelecke und Bettgefährtin verehren und anhimmeln. Sobald er eine läufige, kleine Siewissenschonwas in zehn Meilen Entfernung wittert, ist das alles vergessen und er geht über alle Zäune und ist auf und davon.

Am besten, Sie freuen sich, wenn er irgendwann zurückgefunden hat und stellen ihm ohne jeden Kommentar etwas zum Futtern und Saufen hin und lassen ihn erstmal ausschlafen.

Bestrafen lohnt sich nicht.

Er kann Reaktionen auf sein Verhalten nur verknüpfen, wenn Sie spätestens nach 2 Sekunden erfolgen. Spätere Schimpftiraden wird er nicht verstehen. Seiner Meinung nach ist er nur seinem Instinkt gefolgt und mit seiner Liebe zu Ihnen hatte das rein gar nichts zu tun.

Sollten Sie Gefallen daran finden, dass er den Genpool der näheren und weiteren Umgebung aufmischt, können Sie das Löffelchenvoll für viel Kohle in einer Samenbank deponieren und mit seiner Spendierlaune ordentlich Schotter machen.

Und last but not least: Ihm die viel zitierte „Stubenreinheit" beizubringen, ist einfach.

Wird er bei seinem ersten Besuch unruhig und fängt an zu suchen, zeigen sie ihm die Tür mit dem Schild: NUR FÜR SITZPINKLER.

Was seine allgemeine Erziehung anbetrifft, sollten Sie ihm klare Regeln und Anweisungen geben. Sonst weiß er nicht, was er tun soll.

Bringen Sie ihm zeitig bei, dass die Wohnung ihr Territorium ist: er muss seinen festen Platz haben und darf nur auf die cremefarbene Couch, wenn er sich entsprechend benehmen kann, nicht mit Keksen herumkrümelt und im Schlaf nicht aufs Sofakissen sabbert.

Fernbedienungen sind kein Spielzeug und abends ab halb acht ist „Grey`s-Anatomy-Time" – da sollte er sein Schläfchen machen und Sie nicht mehr stören.

Apropos: Schlafplatz. Es sprechen nicht nur hygienische Gründe dagegen, ihn dauerhaft mit ins Bett zu nehmen. Nachts liegt er gerne in Ihrer Nähe und das kann unangenehm sein, wenn der Bursche mit dem flauschigen Erscheinungsbild sich bei 40 Grad Außentemperatur schmusebedürftig an Sie kuschelt.

Für den Aufenthalt im eigenen Garten sind ihm Unarten wie Graben, Wühlen und Buddeln in der Nähe Ihrer Zierpflanzen strikt abzugewöhnen.

Das zuverlässige Kommen auf Zuruf – auch unter Ablenkung – üben Sie erstmal mit ihm im häuslichen Bereich, bevor es nach draußen geht. Bei allen gemeinsamen Unternehmungen sind Pöbeleien und Raufereien mit anderen Artgenossen zu unterbinden.

Und falls der blöde Hund sich als nicht kompatibel erweist – schicken Sie ihn zu einem Coach, verschenken Sie ihn weiter oder bringen Sie ihn zurück ins Heim ...

Was jetzt?

Sie suchen keinen Hund, sondern einen Mann?

Sagte ich doch: Es ist normal, ab und zu daran zu denken ...

Ausgerechnet Sylt

Jede andere Frau hätte trunken vor Wonne ihre Scheckkarten gezückt, umgehend Heim und Brut verlassen und wäre mit dem bewilligten Kur-Antrag ab durch die Mitte nach Westerland. Ich hingegen stierte unmotiviert in meinen Kleiderschrank und konstatierte, dass ich klamottentechnisch allerhöchstens für eine meerumtoste Hallig oder ein sturmgebeuteltes Friesendorf gerüstet war – nicht aber dafür, im Armani-Anzug, mit Hermes-Tüchlein und Gucci-Sonnenbrille mit einer Magnum Pommery Brut im Sansibar abzuhängen.

Also bin ich im Januar durch Schnee- und Hagelstürme zur Krankenkasse meines Vertrauens gestapft und habe dem Sozialversicherungsfachangestellten gesagt, dass sei ja alles nett gemeint, aber ich würde meinen Burnout doch lieber im Westerwald statt in Westerland auskurieren wollen.

Der Fachangestellte für die Buchstaben S-Z sah mich an wie jemanden, der sich über Geschenke einfach nicht freuen kann und lächelte frostig: „Ich rate Ihnen dringend, nicht ohne triftigen Grund abzusagen. Wir haben Mitglieder, die schwer krank sind und jahrelang auf einen Kurplatz warten müssen."

Von draußen klatschte ein eisiger Schauer ans Fenster. Ich atmete ein. Ich atmete aus. Meine Bronchien fiepten gerade „Kapitän von Bord" und ich nahm einen ordentlichen Hub aus meinem Inhalator, räusperte mich und sagte: „Verstehe: wat mutt, dat mutt!"

Während ich unterschrieb, versicherte ich ihm, dass ich mich vor Freude nicht mehr halten könne, bald aktiver Kurgast mit EZ–Zuschlag, Strandkorb-Gebühr und Kurtaxe im

Kreise der großen ASKLEPIOS-Klinikfamilie auf Sylt sein zu dürfen.

Der Februar ging ins Land und ich erstand noch einschlägige Ware für den frühen Sylter Kurgast: Friesennerz und Gummistiefel, Rollkragenpullis und Wintermütze und einen blau-weiß gestreiften Dittsche-Bademantel.

Die Zugfahrt von Köln bis Hamburg habe ich verdöst und bin erst auf dem Hindenburgdamm so richtig wach geworden: allöverall Nordsee ringsum: wenn dat mol nich gediegen is!

Gleich nach meiner Ankunft in der Kurklinik wurde ich im Speisesaal fünf reizenden Mitbetroffenen zugewiesen, weil dort mein Namensschild stand, und ich musste essen, was auf den Tisch kam. Das erinnerte mich an meine Kur auf Norderney, als ich acht Jahre war. Damals sollte ich an der Seeluft groß und stark werden. Heute hatte irgendeine kranke Schwester für mich „Reduktionskost" angekreuzt, was mich umgehend zum gern gesehenen Gast in sämtlichen Fresstempeln von Wenningstedt bis Westerland machte.

Außerdem schien die Klinikleitung fest entschlossen zu sein, den Kurgast bloß nicht brach in den Dünen herumliegen zu lassen und sorgte für ein straff organisiertes Sport- und Wellnessprogramm, das wir in Duldungsstarre täglich abzuarbeiten hatten: mitten in der Nacht um 7.30 Uhr schlurften wir gähnend Richtung Turnhalle: Abkeulen bei rhythmischer Früh-Gymnastik mit Frauke. Nach einem opulenten Frühstück ging`s ab ins Reizklima zum Power-Walken mit Ilke: gegen den Wind von Westerland rauf nach Wenningstedt, dann mit Rückenwind von Wenningstedt runter nach Westerland. Nach drei Tagen ersehnte ich eine Alternative.

Nach dem Walken ging`s zur Krankengymnastik bei Sven und Henning oder zur Massage bei Hinnerk, Malte oder

Birte. Mir war es völlig wurscht, wer von denen mich malträtierte – Hauptsache, ich durfte liegenbleiben.

Danach hatte ich mich zum Inhalieren bei Sören einzufinden: fiepst du noch oder atmest du schon?

Nach dem Mittagessen schleppten wir unsere vollen Ranzen zum Tai-Chi bei Wibke. Die mit der Reduktionskost hatten ein gutes Chi, alle anderen schnarchten übersäuert auf der Matte.

Danach mussten wir schnell unsere Badesachen fürs Schwimmbad packen. Dort erwartete uns schon Schwimmnudel Fiete zur Aqua-Fitness. Für meinen Geschmack sehen dicke Frauen im XXL-Einteiler und Badekappe seltsam genug aus. Mit Aqua-Jogging-Gürtel, Schwimmnudel und Kick-Box-Handschuhen: der Burner. Ich bin fast abgesoffen vor Lachen.

Mit nassem Haar eilten wir hinterher durch die Klinikflure, um noch rechtzeitig zur psychologischen Gesprächsrunde mit Frau Dr. Hansen zu kommen. Hier durfte jedermann/frau tabulosen Seelenstriptease zelebrieren. Wer das nicht mochte, übte sich im Fremdschämen.

Nach dem Kaffeetrinken hatten wir dann zum Gesundheitsvortrag von Herrn Professor Strunzgesund im kleinen Saal zahlreich anzutreten: Teilnahme unbedingt erwünscht! Beim Abendbrot um fünf Uhr besprachen wir matt das abendliche Kurprogramm: entweder mit Ergotherapeutin Ute von 20-22 Uhr Seide bekleckern und Töpfern, bis der Arzt kommt, oder ab in die Turnhalle, zum Volkstanzen mit Inken.

Nachdem ich dort mit einer Gruppe Manikerinnen jenseits der Menopause eine Deppen-Choreo einstudieren und kreisrund händchenhaltend veitstanzen musste, kam das für mich nicht mehr in Frage.

Stattdessen fand ich mich abends lieber mit einer Schar Abtrünniger bei Fisch-Gosch in Westerland ein, Kurschatten suchen. Die bevölkerten dort zahlreich und meistens angeschickert die Barhocker: „Wass kommsse sspät, Mädchen, dass finnichnichgut!"

Und während Mann sich noch unauffällig den Matjes aus den Zähnen pulte, gab's von Frau ordentlich was auf die Ohren: "... Ich lebe schon so lange in der sexuellen Einöde, dass es schon aufregend genug wäre, nackt neben dir zu schlafen ..."

Wir grölten mit den „Ärzten" den Westerland-Song, bis wir heiser wurden, tanzten Discofox auf dem schmalen Grat zwischen NOCH NICHT und VIELLEICHT und klönten und tranken uns gegenseitig kompatibel. Zwischendurch orderten wir Matjesbrötchen, Schampus und Paracetamol: „Mach mol schnell noch ne Runde, Frau Wirtin – um Zehn müssen wir im Klinik-Bettchen sein! Hat ja keiner was von gesagt, dass das unser eigenes sein muss, nä?"

In dieser Zeit zwischen Matjes und Maserati, Sylter Alpen und Nacktbadestrand, Reethäusern und Nobelboutiquen brauste die Zeit dahin wie die Brandung der Nordsee, und schneller als mir lieb war fuhr ich wieder über den Hindenburgdamm zurück, leise summend:

„... Oh ich hab solche Sehnsucht
Ich verliere den Verstand
Ich will wieder an die Nordsee
Ich will zurück nach Westerland!"

Beste Freundinnen

„Na endlich! Hast du`n Augenblick Zeit, ich muss dir unbedingt was erzählen ..."

„Wafn?"

„Putzt du dir gerade die Zähne oder was?"

„Hmm."

„Kannst du bitte mal damit aufhören? Es ist etwas Schlimmes passiert ..."

„Augenblick – ich muf nur noch ... äh, Becher umgekippt, Fauerei, fowaf ..."

„Lass den Quatsch, bitte. Mir ist wirklich zum Heulen."

„Was gibt`s denn?"

„Heute Morgen kam ein Brief von Jürgen. Er schreibt, dass unsere Zeit zusammen unvergesslich ..."

„Ist der also schon beim Vergessen!"

„... schön war. Und er es zutiefst bedauert, dass er mir nicht von Anfang an die Wahrheit gesagt hat, weil er mich nicht verlieren wollte. Er hätte auch nicht ahnen können, dass aus einer unkomplizierten, kleinen Liebschaft ..."

„Der hat sie ja wohl nicht alle: Deine Ehe geht gerade deswegen den Bach runter!"

„... lass mich doch mal ausreden: ... einmal Liebe werden könnte. Und jetzt fühlt er sich verpflichtet, mir reinen Wein einzuschenken und ... hmm ... und ... hmmm ..."

„Sag mal, heulst du?"

„Bin wohl erkältet. Wart mal, muss mal `n Taschentuch ... was soll ich lange um den heißen Brei reden, stell dir vor: Jürgen ist verheiratet! –
Bist du noch dran?"

„Hmm."

„Und er ist nicht nur verheiratet – er hat auch Kinder. Hast du gehört?"

„Hmm."
„Drei Stück. Kinder meine ich …

– Was sagst du dazu? Ist das nicht der HAMMER? –

Du weißt ganz genau, ich hab eine Allergie gegen dein Schweigen – ich dreh hier völlig am Rad und du … ist das nicht UNGLAUBLICH, sachmal?"

„Das hast du mal verdient."

„Ich glaube, ich hab mich jetzt verhört. Ich habe verstanden …"

„Hast schon richtig verstanden. Geschieht dir ganz recht – endlich kriegst du mal NICHT, was du willst …"

„Was soll das denn heißen?"

„… Du hast doch mit deinem Charme bisher alle um deinen kleinen Finger gewickelt. Brauchtest dich nie anstrengen. Hast noch nie einen Korb gekriegt oder um jemanden kämpfen müssen. Du hast doch gar keine Ahnung, wie das ist, wenn man behandelt wird … wie … wie …"

„Wie du?"

„Richtig!"

„Was kann ich denn dafür, wenn du dich immer in Typen verknallst, die nichts von dir wissen wollen?"

„Haben es eben nicht alle so leicht wie du."

„Klingt, als ob du schadenfroh bist."

„Nenn es von mir aus wie du willst. Was dich betrifft, wird es Zeit, dass dir endlich mal Grenzen gesetzt werden: Man kann im Leben eben nicht alles haben!"

„Aber was habe ich denn schon Schlimmes getan – außer mich zu verlieben?"

„Du hast dich in einen verheirateten Mann verliebt!"

„Aber bis heute wusste ich das doch gar nicht …"

„Ach. Was."

„Jawohl! Er hat nur gesagt: Es gibt da eine Beziehung. Das heißt noch lange nicht: Ehefrau und drei Kinder!"

„Was man nicht wahrhaben will, das nimmt man eben nicht wahr, nä?"

„Du bist dermaßen gemein!"

„Nun weißt du wenigstens mal, wie das ist, wenn man verarscht wird."

„Das klingt ja, als ob du mir das so recht von Herzen gönnst! –

Sag was!"

„Ich wiederhole mich nur ungern: Du hast immer alles und jeden gekriegt. Und jetzt kriegst du DEN eben nicht."

„Und warum bist du so schadenfroh? Ich habe dir ja schließlich nicht deinen Kerl weggenommen ..."

„Nein. Aber dieser armen Ehefrau nimmste den Mann weg."

„Was rauscht denn da jetzt so, ich versteh dich so schlecht?"

„Bin aufm Klo."

„Ich fasse es nicht: Du stellst mich hier als Ehebrecherin an den Pranger – und pinkelst währenddessen dabei? Obwohl ich dir erzähle, dass ich belogen und betrogen worden bin?"

„Wie du deinen Mann betrogen hast!"

„Du weißt sehr gut, dass ich ihm alles gebeichtet habe."

„Hast dir aber Zeit dabei gelassen, nä?"

„Man muss doch bei so was erst mal den richtigen Zeitpunkt ..."

„Und der verzeiht dir auch noch."

„Was hätte er denn deiner Meinung nach tun sollen?"

„Ich hätte dich rausgeworfen."

„Danke vielmals. Bleib dran – jetzt muss ich auch mal ..."

„Wenn ich mir nur vorstelle, mein Günni würde mir so etwas antun ..."

„Ach, DARUM geht es also die ganze Zeit: Um DEINE Scheißangst, dein Günni könnte dich betrügen!"

„Er ist nun mal ein gutaussehender, toller Mann ..."

„Und du bist krankhaft eifersüchtig. Mit deinem Kontrollzwang wirst du den sicher auch noch so weit kriegen, dass …"

„Das lass mal meine Sorge sein!"

„… der dich irgendwann satt hat. Hast du ja bisher bei JEDEM geschafft!"

„Weil es immer genug Frauen gibt – wie dich!"

„Was bin ich denn für eine Frau, wenn ich mal fragen darf?"

„Eine, die Beziehungen kaputt macht."

„So tolle Beziehungen wie deine, ja?"

„Ich bin jedenfalls hundertprozentig treu."

„Ja. Nee. Ist klar. Hat ja auch lange genug gedauert, ihm hinterherzulaufen und zu domestizieren, mit deinen Wichtigkeiten zu besetzen …"

„Ich gebe eben ALLES für meine Beziehung mit Günni."

„Er auch: Alles, was ein Häftling für seine Wärterin empfindet, wenn er lebenslänglich bekommen hat."

„So siehst du also meine Beziehung?"

„So sehe ich DICH. Du bist ein Kontrollfreak und zerfressen von dem Gedanken, dein Freund könnte dich eines Tages betrügen. Weil du durch und durch deiner selbst unsicher bist und dich wertlos fühlst. Darum missgönnst du ihm auch jeden Freiraum, jede Möglichkeit, mal er selbst zu sein. Ohne deine permanente Überwachung. Und nennst das „meine ganz große Liebe". Obwohl es „mein ganz großer Besitz" heißen müsste.

Und du bist eine ganz schlechte beste Freundin. Sollte ich jemals den Eindruck erweckt haben, deine beste Freundin zu sein, tut mir das leid. Schönes Restleben noch!"

„Dito."

***

Sisypussy

Während es in der Studentenschaft der 68er revolutionär war, in die Fabriken zu gehen, um sich mit der arbeitenden Klasse zu solidarisieren, zogen wir Arbeiterkinder der 80er in die Bildungstempel und Heiligen Hallen der Universitäten ein.

Wir Abendschüler/innen waren soziale Streber und nahmen daher gerne das Party- und Mitwohn-Angebot in einer der Studenten-WGs unseres Vertrauens an. Hier prallten dann zwei Klassen von Lebensvorstellungen aufeinander: Der Idealtypus studentischen Sinnkonzeptes bestand vor allem darin, über Sinnkonzepte und ihren zugrundeliegenden Sinnkrisen in kleinen und größeren AGs laut nachzudenken. Und während die studentischen Diskutanten in hitzigen Endlosdebatten über ökologischen Anbau oder Rettung des Regenwaldes die Wohnküche vollqualmten, feudelten wir Mädels nebenbei das Bad feucht durch, kochten Spaghetti Bolognese für zehn Personen, sortierten dunkle Socken aus der Kochwäsche und räumten die Spülmaschine aus.

Die studentische Führungsmannschaft in spe hielt sich gerne praktisch veranlagte Mädels, weil die über Alltagsfähigkeiten verfügten, die in einer WG gut zu gebrauchen waren. Beispielsweise Spezial-Kenntnisse in der Handhabung von Küchengeräten, der Mülltrennung und sonstiger niederer Verrichtungen in Küche und Garten.

Im Gegenzug konnten wir sprachlich enorm profitieren. Alle außer Carola.

Dieses warmherzige und patente Arbeiterkind aus Duisburg-Hochfeld hatte ein klitzekleines Sprachproblem – und das nicht nur wegen ihres Hochfelder Dialektes. Im Englisch-Unterricht an der Abendschule schaffte es Carola, unsere Native Speakerin Mrs. Smith nach zwei Jahren Abi-Vorbereitung ausrasten zu lassen. Carola war eine beratungsresistente „th"-Verweigerin. Alle hartnäckigen Versuche, sie zu bewegen, die Zunge vor die Schneidezähne zu legen wie einst Evelyn Hamann als Fernsehansagerin mit „North Cothelstone Hall", scheiterten an Carolas „stattdessen-s", mit dem sie Mrs. Smith an den Rand angelsächsischer Verzweiflung brachte und wesentlich zur Erheiterung ihrer Mitschüler beitrug: „... se soughts, se sings, se closes, se fasers ..." Immer ging Mrs. Smith entnervt dazwischen: „... th, Carola, tee-ai-aitch!" In einem Anflug trotziger Restwürde wehrte sich Carola kleinlaut: „Sach ich doch!"

„No", brüllte Mrs. Smith, "you don`t! If I say: „Eduscho", you say: „Tchibo"!

Trotz Carolas eigenwilligem Sprachstil war klar: sie würde das Abi schaffen. Irgendwie.

Obwohl: Deutsch war jetzt auch nicht so ihr Ding.

***

Nach einer Fete in einer Studenten-WG saßen wir eines Tages noch mit den letzten alkoholschweren Gästen beisammen, als Carola neben mir auf dem Sperrmüllsofa folgenden Dialog führte:

Mathias (Lehramtsanwärter): „Das finde ich toll, Carola, dass du neben der Arbeit noch zur Abendschule gehst – Respekt! Weißt du schon, was du nach dem Abi machen willst?"

Carola: „Studieren – wat sonst?"

„Oh. Und was? Gibt es eine bestimmte Fachrichtung, die dir zusagt?"

„Gibt sowieso nur ein Fach, wat mich interessiert."

„Verrätst du es mir?"

„Xychologie."

„Äh ... wie bitte?"

„XY-CHO-LO-GIE", buchstabierte Carola freundlich.
In der Runde wurde es unangenehm still – ich ahnte, dass sich jetzt sämtliche Ohren aufgestellt hatten.

Carola wurde es sichtlich unwohl, im Fokus allgemeiner Aufmerksamkeit zu stehen.

„Wat guckt ihr denn so blöd? Is` doch heutzutage nix Besonderes für eine Frau, Xychologie zu studieren, nä?"

Die beschickerte Studentenschaft feixte.

Mathias versuchte noch, ihr auf die Sprünge zu helfen: „Nein, überhaupt nicht, Carola – heutzutage brauchst du nur einen guten N.C., um PSSSY-CHO-LO-GIE zu studieren.

„Ach", winkte Carola verächtlich ab, „wenn ich den nicht schaff`, lass` ich mich eben auf die Warteliste setzen, nä?"

Mathias nickte.

„... Und wenn alle Stricke reißen, kann ich ja noch über den Heilpraktiker den xychologischen Brater machen."

„Den was?"

„Na, den Brater – mit dem kannze ohne Studium Klienten xychologisch braten ..."

„Harrr, harrr", brach es aus ihrem Sitznachbarn heraus, „Klienten BRATEN, wenn das jetzt nicht nach einem Traumjob klingt, hä, hä!"

Carola strahlte ihn erleichtert an.

„Finde ich auch. Aber stellt euch dat man nicht soo leicht vor – da musse seelisch ganz schön robust sein ..."

„Jou", rief ein anderer, „... es soll ja Patienten geben, die „bratungs"-resistent sind, wuharrharrr ..."

Carola rollte die Augen und sah mich ratlos an.

Ich grinste verzagt zurück. Das Mädchen redete sich hier over head and shoulders.

„Um Leichtigkeit bemüht, schlug ich vor: „Lass uns mal im Keller nachschauen, ob wir noch Wein haben, Carola – kommst du?"

Widerwillig richtete sich Carola auf. Was war ich froh. Bis

wir zurück waren, hatten die sich hier hoffentlich eingekriegt.

Bevor wir jedoch aus der Tür waren, drehte sich Carola noch einmal um und blickte trotzig-funkelnden Auges in die Runde studentischer Überheblichkeit.

„Dat will ich euch getz' mal sagen: Ihr glaubt, dat ihr `n bisken klüger seid als ich, nä? Aber warten wir erst mal ab, Leute – bis ihr eines Tages bei mir auf der Couch landet und viel Kohle abdrücken müsst, von mir `ne xychologische Bratung zu bekommen!"

Das aufbrandende Lachen nach unserem Abgang konnten wir noch bis in den Keller hören.

Und ich hatte nicht mehr den Mut, Carola die Wahrheit zu sagen:

Dass man im Studiengang Xychologie und auch als xychologischer Brater viele englische Texte lesen muss ...

Stossgebete in Seichtgebieten am Nacktbadstrand

Solange ich denken kann, ist es die Domäne pubertierender, pickeliger Jungs und älterer Herren auf der Proktologen-Party, den Menschen verbal-erotisch auf seine körperlichen Vorgänge herunterzubrechen.

Ebenso benennungs- und zeigefreudige Zeitgenossen kann man auch in den Raucherecken der Krankenhäuser entdecken, wo es ebenso feucht-fröhlich und sekret-orientiert hergehen kann.

Seit einigen Jahren sind es jedoch die Frauen, die auf diesem Gebiet ganz groß im Kommen sind – äh, ich meine jetzt nicht, dass die Damen jahrelange, multiple Orgasmen haben.

Sie schreiben jetzt nur ganz gerne darüber.

Aus der Skandalgöre Charlotte ist inzwischen eine Lady Bitch Roches mit eigener Talkshow geworden. Mit ihren „Feuchtgebieten" konnte sie sicher vielen Körpersekretfetischisten als PIEPS-Vorlage zum finalen Lechzen dienen. Mann sollte ihr das Bundesverdienstkreuz dafür auf den erfolgreichen Arsch stechen. Nun macht sie doch tatsächlich noch einmal ordentlich Kohle damit, dass die Zuschauer nach Sichtung ihres Films vor das Kino kotzen.

Beim Erscheinen ihres Erstlingswerkes hätte ich noch meinen (hämorrhoidenfreien) Hintern darauf verwetten können, dass Frau Roche ihre erste Auflage hätte schreddern können, würde es sich bei ihrer Prota Helen um eine postmenopausale Dame handeln, die so munter über ihre „Analfissuren", „Muschischleim" oder „Kackageruch" parliert. Mit so einem Hämorrhoiden-Epos kommt frau doch nur dann monetär erfolgreich rüber, wenn der Popo der Prota noch einigermaßen knackig ist und nicht schon Falten schlägt. Stelle man sich doch nur mal den Dialog vor:

Die Seniorin Helen zum Pfleger Peter: „Ach, wenn mein Gesicht nur so glatt wie mein Popo wäre...!"

Pfleger Peter: „Na, dann haste den aber lang nicht mehr gesehen, Liebes!"

Doch da sollte ich mich gewaltig irren:

Zu meinem Erstaunen zog die Oma Elfriede Vavrik ihr Märchenbuch hervor, in dem auch sie sich verbal blankzog. In Talkshows kam sie mindestens so nassforsch wie das Charlottchen daher. Durch ihr Romandebüt „Nacktbadestrand" lehrte sie mich weniger postmenopausale Erotik, sondern das Fürchten: Wenn diese Oma in ihrem spitzenbesetzten Baumwoll-Nachthemd und der Mitropa-Duschhaube mit Wein und Kuchen zu Bette liegt, dann streifen rudelweise paarungswillige, junge Wölfe, die auf gut abgehangenes Fleisch scharf sind, um ihr Haus. Und das greise Luder Elfriede lässt die auch noch alle rein – und erzählt uns hinterher schonungslos offen von so manchem jungen, trostlosen Stecher oder notgeilen Erotomanen. Da bekommt selbst das Rotkäppchen rote Ohren. Und der Förster – so er denn gut bestückt, potent und juvenil genug für die geile Elfriede ist, wird von der Spätberufenen mit dunkler Stimme lüstern empfangen: „... und warum hast Du so einen großen ...?"

Auf die Frage, warum sie ihr Buch veröffentlichte, sagt die achtzigjährige Dame Vavrik:

„Es war mir langweilig".

Das hat mir besser gefallen als dieses ewige: „Ich war jung, ich brauchte das Geld ..."

Nur dass wir uns recht verstehen: Ich habe weder etwas gegen Biographiearbeit für Senioren noch gegen das Schreiben zur Neurosenabwehr und Selbsttherapie für junge Frauen. Es ist nie zu spät für eine schlechte Kindheit.

Wenn diese Bücher nur nicht so langweilig wären.

Ich würde ja gerne an die Gleichberechtigung der Frauen in Sachen erotischer Literatur glauben – aber mit einigen Seiten „Sex sells“ in akribisch-detaillierter Beschreibungsfreude den geneigten Leser mit völlig verblüfftem Schamgefühl dastehen zu lassen, ist ebenso unerotisch wie die verklemmte Benennungsproblematik so manches männlichen Verbalerotikers, der gerne vom „Jadestab der tausend Freuden“, „Lustgrotten“ oder „Yonis“ spricht.

Vielleicht stehe ich auch deshalb nicht mehr auf Vorlesungen zum Thema: „Neuzeitliche Pornographie“, weil ich mich in Anatomie-Vorlesungen an der Uni an Fleisch, Muskeln, Haut und Knochen satt gesehen habe.

Auch im zweiten Buch von Madame Roche lese ich nur von einer Oma-Ehe, in der ihre Prota Elisabeth um jeden Preis und mit allen Mitteln ihren Mann sexuell zufrieden stellen will und ihm, kaum dass der Gatte vom schweren Tagwerk draußen im feindlichen Leben heimgekehrt ist, auch gleich devot auf den Knien an seinen Hosenhobbit geht.

Nun mag sich ja die züchtige Hausfrau beim Ernährer der Familie von mir aus gerne erkenntlich zeigen. Aber wenn sie, wie Frau Roche erzählt, seinen Schwellkörper-Blues auf der Sackgitarre mit von ihr begleiteten Bordellbesuchen goutiert, kommt das für mich keinesfalls emanzipiert rüber. Alice Schwarzer raufte sich darüber zu Recht das Haupthaar.

Vom „Teeny-Porn“ über „Granny-Porn“ nun zum „Mommy-Porn“: „Shades of Grey“.

Ich gestehe: Ich habe gestöhnt:

Mannomann. Soo viele Seiten Arztroman!

Superreiche, perverse Doktoren züchten sich jungfräuliche, blutjunge Damen mit Submissivitäts-Gen zu Sklavinnen heran. Die es lieben, von ihrem HERRN gezüchtigt, unterworfen und rundum versorgt zu werden, ihre Schlüpfer von ihm kaufen zu lassen und gesagt zu bekommen, ob und wann sie aufs Klo gehen dürfen.

Und als ob wir dieses Thema nicht schon ausreichend im Deutschunterricht unter Literatur der Jahrhundertwende: „Effi Briest" oder ähnlichem abgehandelt hätten!

Selbst Dr. Freud und seine Psychoanalyse kommen darin vor – weil der HERR Christian sie dringend wegen seiner traumatischen Kindheit benötigt.

Was Mme Prota benötigt, die sich ohne Not auf den IQ eines Knäckebrotes herunterbeamt, sobald sie das Gemächt ihres HERRN erblickt, das ihr IMMER RIESIG erscheint – was ja kein Kunststück ist, wenn sie 18 Stunden des Tages auf ihren Knien vor ihm herumrobbt – ja, was diese Dame benötigt ...

... ist vielleicht doch ein klitzekleines Nachhilfestündchen bei ihrer HERRIN Alice.

Nicht die im Wunderland.

Die Schwarzer.

Shopping Queen
Oder: Frauen sind auch nur Schweine

Ich höre jetzt damit auf, mein Stimmungstief mit Weißwein aufzufüllen. Nur, weil ich nicht weiß, wie Männer so was aushalten: Frauen.

Oder das, was als Frauenbild so daherkommt.

Zum Beispiel die Guidos dieser Welt. Ich kann sie ja so gut verstehen, dass sie sich mit Grauen vom Weibervolke abgewandt haben – aber doch nicht, um dann mit der Spitzzüngigkeit und den Manierismen meiner Tante Käthe daherzukommen.

Ich verstehe das nicht. Erklärt es mir bitte.

Ich bin eine doofe Hete, die bisher keine Ahnung hatte, was eine „Clutch" ist. Bisher kannte ich nur den Kaffeeklatsch mit Ralph oder die Zuchtpeitsche von Olivia, die „klatsch" auf dem nackten Popo macht. Aber Guido Maria führt mich ein in die Weihen des Frauseins. Der weiß nämlich, ob mein Faltenrock „was für mich tun kann". Während seine Shopping Queen, deren intellektuelle Leistung darin besteht, innerhalb eines gewissen Zeitraumes fünfhundert Euronen für ein völlig sinnfreies Motto zu verticken, mit schriller Stimme durch Kaufhäuser und Boutiquen hastet. Und zwar im betreuten Einkauf. Am Ende muss sie dann über einen Laufsteg tänzeln und ihre feindseligen und hinterfotzigen Konkurrentinnen fragen: Bin ich schön – und wenn ja, warum?

Der Homo Sapiens Femininus ist eine Home Shopperin geworden – oder eine, die im Dschungel Hoden kaut und in Afrika auf High Heels wehrlosen Ziegen den Arsch aufreißt. Da guck ich mir doch lieber `n Porno an. In dem Frauen egal welchen Alters geschoren daherkommen wie kleine

Mädchen und so tun, als ob zwischen ihren Beinen Gott auf mich wartet. Und mir weismachen wollen, dass das, was ihre Kampfstecher mit ihnen veranstalten, sie waaahnsinnig geil macht. Sowas kann doch nur blödgeborene Onanisten antörnen.

Also doch lieber im Fernsehkanal nach richtig klugen Weibern Ausschau halten:

Nehmen wir doch mal diese taffen, berufstätigen Frauen, die dort beratend tätig sind und nach sauber eskalierten Situationen Ausschau halten. Von der Supernanny bis zu Frau Helena oder Frau Diätberaterin, die zu Kugeln mutierten Oralfetischisten zeigt, wo die Möhre hängt – sie alle lassen mich gerne in den tiefen Abgrund ihrer Selbstgefälligkeit sehen. Bis hin zum schmallippigen Rasierklingenlächeln sind sie meistens dünn wie ein Knäckebrot und kompetent bis zum Erbrechen.

Apropos: Gefressen habe ich auch diese Maklerin mit Irokesenschnitt made by Guido Walz, die in ihrem extrem exaltierten Zustand den Immobilienneid schürt, indem sie mir bestätigt, dass ich nur lebe – während sich andere in ihrem supertrooper Loft fläzen und in Champagner baden.

Doch das Frauenbild im real existierenden Leben lässt mich nun auch nicht gerade enthusiasmiert mit dem Prosecco-Korken knallen:

Meine Sachbearbeiterin im Amt, die mit hochgeschlossener Bluse, einer Brille von FIELMANN und der Erotik einer Hausstaubmilbe ihre Tätigkeit versieht, ist dann doch eher der real existierende Wahnsinn.

***

Als ich ihr neulich bei der Bearbeitung eines wichtigen Antrages die Langsamkeit einer Nacktschnecke nachsagte, maulte sie angegrätzt: „Ich mache hier nur meinen Job".

„Ja", antwortete ich, „aber nicht gut."

Auch die Damen von der helfenden Fraktion sind Legion. In Krankenhäusern und Seniorenheimen hindern diese Vollzeit-Retterinnen mit ihrer fürsorglichen Belagerung gerne kranke und alte Menschen daran, sich selbständig ihr Leberwurstbrot zu schmieren. Sie machen nicht nur Schnittchen, nein, sie reichen sie auch noch an. So lange, bis der Patient – und in ihren Augen sind ALLE Patienten – den Schnabel in Duldungsstarre wie ein unterernährtes Rotkehlchen aufreißt, sobald er ihrer angesichtig wird. Was bin ich die leid, diese Vollzeitkümmerinnen.

Wie halten Männer nur so was zuhause aus?

Allein diese Stimmen ...

Warum klingen Frauen, die sich begrüßen, immer so schrill? Und je mehr die sich nicht leiden können, umso markerschütternder flöten sie. Vor allem bei jungen Frauen scheint sich eine besonders üble Sprechweise durchzusetzen: Lolita-Charme gepaart mit intellektuellen Flatulenzen. Ich kann die Roches dieser Welt einfach nicht lesen. Und die Lenas und die Annettes nicht hören: „... schwill doch nur schpieln ... la ... la ...!"

Schlaflos in Korschenbroich

Er hätte es wissen müssen: Monas Hupen waren vielleicht das Beste, was Korschenbroich nach 24 Uhr zu bieten hatte, doch mit dieser drallen, angeschickerten Spätlese in ein Taxi zu steigen, um mit ihr nach Hause zu fahren, machte ihm jetzt leichtes Unbehagen.

Doch die Aussicht auf die Ödnis seines schmucklosen Hotelzimmers mit verlebtem Filzfußboden und besorgniserregenden Flecken auf den Polsterstühlen fand er ebenso wenig prickelnd.

In einem drittklassigen Hotel wie diesem war es für einen Handlungsreisenden im verschwitzten Business-Anzug leichtes Spiel, zum Charmebolzen zu mutieren. Bei den ortsansässigen Damen an der Hotelbar konnte er schon nach ein Paar Drinks Begehrlichkeiten wecken, indem er mit seiner gut gefüllten Brieftasche wedelte. Ein zu leichtes Spiel, für seinen Geschmack.

Zu spät ...

Monas Wohnungstür mit diesem unsäglich geschmacklosen Adventskranz und dem selbstgetöpferten Namensschild ist mit beängstigender Endgültigkeit hinter ihm ins Schloss gefallen. Im Flur der fremden Wohnung umwabert ihn ein Duftensemble von Billigparfum an ungelüfteten Räumen, und er sieht sich unausweichlich und intim in Monas Welt eingebunden.

Mona ist vorausgestöckelt, hat unterwegs ihre Pumps kichernd gegen eine Kommode geschleudert und ist voran in ein dunkles Zimmer getapst.

Er bleibt noch unschlüssig im Flur stehen und betrachtet nachdenklich das angestaubte Trockenblumengesteck auf der Kommode.

Aus der Nummer kommst du jetzt nicht mehr raus, mein Junge!

„Man nich` ssso schüchtern!“, ruft Mona aus dem sich erhellenden Raum, und als er das Wohnzimmer betritt, hat sie ihre Leibesfülle bereits so auf ein Sofa drapiert, dass man es mit einigem Wohlwollen „lasziv“ nennen könnte.

Wenn man darüber hinwegsieht, dass dieser hautenge Rock mit den darunter wie Knackwürste hervorquellenden Beinen sie in dieser Lage wie einen asthmatischen Mops japsen lässt ...

„Du liegst da wie die Königin von Saba.“

Mona lächelt geschmeichelt und dimmt das Licht noch mehr herunter – was ihr und dem Mobiliar eine gefällige Weichzeichnung verpasst.

Beklommen lässt er sich auf der Kante eines plüschigen Sessels nieder und seinen Blick über das biedere Wohnambiente schweifen.

Buche-Imitat aus dem unteren Preissegment eines Möbelhauses: Mona wohnt also noch.

„Gemütlich.“

Mona gurrt zufrieden und versucht, mit einem lasziven Lächeln ein leichtes Lallen zu kaschieren: „Wasss sssu trinken?“

Unbedingt!

„Gerne.“

Während sie sich leise ächzend aufrichtet und auf einen umfangreicheren Stellungswechsel vorbereitet, fragt sie:

„Roten oder Weißen?“

Egal – Hauptsache, er knallt ordentlich!

„Bring einen, den du am liebsten magst.“

Sie macht sich dezent schwankend auf den Weg und kurz darauf hört er sie in der Küche hauswirtschaftlich-geschäftig Schranktüren auf- und zuklappen. Dann steht sie mit zwei Gläsern und einer Flasche unterm Arm in der Tür:

„Mach uns mal den Dingensss, den ... wie heißt der noch?“

Sommelier – du Dumpfbacke.

Er zuckt freundlich grinsend mit den Schultern und mimt den Ahnungslosen, während er sorgenvoll das Etikett auf der Rotwein-Flasche betrachtet.

Ein ZweiNeunundneunziger Chateauneuf du Migräne.

„Na, wollen wir dem guten Tröpfchen mal aus der Flasche helfen, nicht wahr?"

Monas Hochsteckfrisur ist gerade über Kopf in eine Schublade getaucht, während ihr ausladendes Hinterteil in die Höhe ragt: „Schenk schon mal ein, ich suche noch wasss zum Knabbern – oder magst du lieber Süßes?"

Na gut. Wer Schnackseln will, muss höflich sein:

„Nein danke – du bist süß genug."

Monas Kopf fährt in die Senkrechte. Kokett pustet sie eine ihrer blondierten Strähnen nach hinten und droht ihm neckisch mit ihrem speckigen Zeigefinger:

„Du bissst ja ein ganz Schlimmer …! Wenn ich hier schon mal stehe, kann ich auch gleich `n bisschen Stimmung machen. Welche Musik willssse hören, Liebelein?"

Ein Wummern an der Tür. Vom GSG-Einsatzkommando.

„Ach – leg auf, was du gerne magst."

Minuten später stoßen sie an: „Auf einen romantischen Abend!", gurrt Mona und versucht einen verführerischen Augenaufschlag, während sie verzückt das Mantra ihres Hausheiligen Howy mitsummt: „Hällo, ägän, isch sag einfach: Hällo ägän …!"

Plötzlich schwingt sie sich enthusiasmiert vom Sofa, kommt abrupt zwischen seinen Beinen zum Stehen und zerrt an seinem Arm: „Komm, tanzen!"

Dieser Abend verspricht alles, was er zum Kotzen findet.

„Ich fürchte, du wirst enttäuscht sein."

Widerstrebend lässt er sich wie einen nassen Sack aus dem Sessel an ihren Busen ziehen und umklammern. Verdrossen sucht er dort, wo er ihre Mitte vermutet, nach Halt.

Oh. Mein. Gott. Wenn ich die nicht zu fassen kriege,

kachelt sie mir bei der nächsten Auswärtsdrehung in die Schrankwand!

Mona schwingt unverdrossen ihre Hüften und discofoxt mit ihm übers Laminat: „Ohhohooohohooo, isch sag` nur: hällo ägän ...!"

Nach der Nummer ist er eindrucksvoll genug an seine Grenzen gebracht worden. Energisch entwindet er sich und stürzt erstmal ein, zwei Gläser Wein auf Ex herunter.

„Jaa, dasss macht durstig!" ruft Moni, sichtlich erhitzt und lässt sich neben ihn aufs Sofa plumpsen. Ihr wogender Busen rückt ihm unmissverständlich auf die Pelle. Nach einem tiefen Zug aus dem Rotweinglas fährt sie mit blau getönter Zunge über ihre vollfleischigen Lippen, wobei ihr Mund sich ihm wie eine saftige, weit geöffnete Frucht darbietet.

Lieber Gott, lass sie jetzt eine Fliege verschlucken und daran ersticken!

„Du machst mich ganz ... äh, wuschig, Mona."

Solchermaßen ermuntert setzt Mona erneut zum Schmiegeangriff an und krault ihm mit ihren magentafarbenen Krallen den Nacken.

„Was bissse denn so schüchtern? Das finnichnichgut!", mokiert sie sich und legt ihm ihre heiße Hand auf den Oberschenkel.

Heiliger Coitus Interruptus, hilf mir hier raus!

„Entschuldige bitte, ich müsste mal ... wo ist ...?"

„Für kleine Königstiger isss da draußen im Flur, rechtsss. Lass das Monalein nich` ssso lange warten!"

Er hastet in den Flur und sucht das WC.

„Uff – in letzter Sekunde!"

Während er im Bad beschäftigt ist, klingelt leise Monas Handy. Umgehend drückt sie auf Empfang und flüstert:

„Ja? Nee – der ist noch nicht so weit.

Kann aber nicht mehr lang dauern.

Der hat schon zwei Gläser von dem Zeugs intus ...
Ist klar: Wie immer – bis nachher, Wladimir!“

Sei mir gegrüsst, du stilles Jammertal!

Herzlich Willkommen als Ehrengast auf meiner Selbstmitleids-Party.

Es ist an der Zeit für ein wenig Larmoyanz und Sinnkrise. Für eine Frau meines Alters bin ich ebenso emanzipiert wie verbittert. Darüber, dass mir bei den Life-Events von wirklich großer Tragweite niemand zur Seite gestanden hat.

Bei meiner letzten Kündigung zum Beispiel haben die Kollegen keine Solidaritätspolonaise getanzt. Und niemand hat mir ein buntes Kärtchen auf den Schreibtisch gelegt:

„HERZLICHEN GLÜCKWUNSCH, DU COOLE SAU – ENDLICH HAT SICH MAL EINE GETRAUT!"

Stattdessen musste ich den Bestellschein fürs Armutsgelübde beim Jobcenter ausfüllen …

Na, immerhin kann ich mir ja noch eine eigene Wohnung im sozialen Abseits gönnen, ein eigenes, pfändungssicheres Konto und ein eigenes Insolvenzverfahren.

Auch zu diesem Schicksalsschlag hat mir keiner ordentlich kondoliert. Was sagt man auch einer, die pleite ist: Das wird schon wieder …?

Und was war übrigens mit der Party, als ich endlich glücklich geschieden war? Ich wollte das ganz groß mit den ehemaligen Hochzeitsgästen feiern – mit einer Stehrümchen-Tombola.

„Stehrümchen" sind diese grauenhaften Hochzeitsgeschenke, die mir jahrelang Schränke, Keller und Dachboden vermüllten und die ich schnell ins IKEA-Regal stellen musste, wenn Tante Käthe zu Besuch kam.

Ich war die Einzige, die meinte, dass ich Rosenkriegsveteran nach der Entsorgung meines Gatten eine Medaille oder Gedenkmünze verdient hätte – schließlich stellte ich der Frauenwelt ein brauchbares Exemplar nach der Domestikation zur Verfügung. Bis heute warte ich auf zahlreiche Dankesschreiben meiner dankbaren Geschlechtsgenossinnen, weil ich ihn gelehrt habe, dass Klitoris keine wildwuchernde Balkonpflanze ist.

Nebenbei bemerkt: Was geschah mit meinem letzten Tampon?

Den habe ich, wie Hunderte seiner Art zuvor, diskret in aller Stille und unter großer emotionaler Beteiligung einsam und allein entsorgen müssen. Ich weiß: Wechseljahre sind keine Herrenjahre – aber vierzig Jahre lang war ich abhängig von den kleinen, weißen Dingern. Und plötzlich soll ich „ohne" sein?

Das ist kalter Entzug.

Ich verspüre heute wieder diesen Suchtdruck, wenn ich im Drogeriemarkt vor den „Hygieneartikeln für die Frau" stehe. Stets will ich automatisch zugreifen – und es kostet mich unglaubliche Überwindung, nicht zur vertrauten Packung in bleu zu greifen und tapfer an den roséfarbenen Päckchen „mit den extralangen Flügeln für die Nacht" vorbeizugehen.

Wo ist die Selbsthilfegruppe der anonymen Ex-Menstruierenden, in der ich mich nun verstanden und angenommen fühlen kann?

„Hallo, ich heiße Gisela und war vierzig Jahre lang abhängig ..."

Das ganze Leben ist ein Dschungel-Camp.

Ich hätte auch gerne so viele Zuschauer gehabt wie dieses ewig greinende Jüngelchen mit dem IQ eines Toastbrotes, den sie zum Helden der Liebe hochstilisiert haben.

Und was war mit meinem Libido-Verlust, als ich fern der

Heimat im Schatten der Pyramiden, ohne meinen geliebten Freund und Helfer, meinen Dildo auskommen musste? Und keinen Ersatz kaufen konnte, weil ich mich in einem moslemischen Land befand? Wie viele Zuschauer haben da für mich angerufen, um mich zur neuen Dschungelkönigin der Herzen zu küren?

Kein Schwein hat mich angerufen. Nur Hassan: „Du schön Frau. Isch disch machen ficki-ficki, okay?“

Und dann dieser Tag des Grauens, an dem meine Brüste beim Bleistifttest festhielten, was sie NIEMALS umklammern sollten! Ich stand mit schreckensweiten Augen vor dem Spiegel und konnte es nicht fassen: Das Scheißding pappte unter der Brustfalte wie mit Uhu festgeklebt!

Wer hat mich da verständnisvoll von hinten umfangen und die erschlaffenden Hautlappen, die mal meine prallen Möpse waren, behutsam ein wenig gelupft, so dass der Bleistift scheppernd zu Boden gehen konnte? Niemand. Stattdessen wurde ich an diesem denkwürdigen Tag noch hinterher im „Mamamobil“ mit der entwürdigenden Tortur gequält, einer Domina im weißen Kittel dabei zuzusehen, wie sie meine Brüste auf eine Glasplatte zerrt, dort festzurrt und mittels einer Presse auf Daumendicke zusammenquetscht. Da war ich dann doch heilfroh, nicht mehr ganz so pralles Bindegewebe zu haben.

Die Nachricht „o.B.“ (ohne Befund) hinterher hat übrigens auch keiner mit mir gefeiert.

Last but not least – das Geburtstagsgeschenk meines Hausarztes zu meinem 50. Geburtstag: Meine erste Darmkrebs-Vorsorge.

Wer hat mich da netterweise mal vorgewarnt und mir das Procedere erklärt?

Keiner.

Stattdessen war ich auf die Brüder Klitschko angewiesen. Die haben im TV nur grenzdebil gegrinst und mit kasachischem Akzent verkündet: „Vorrrsorrrrgä iest niecht schlimm, gäht rugzug – und hintärhärrr biest frrrroh du, dass du hahst gemaaacht!“

Ich hingegen war so was von unfroh, als ich den Vorbereitungstermin hatte.

Und im Wartezimmer nur unfrohe Menschen im Jogging-Anzug und mit Reisetaschen.

Ich erfuhr, dass auch ich zur finalen Darmbesichtigung bequeme Kleidung, Handtücher und eine Wolldecke mitzubringen hatte. Das klang ja erstmal ganz nett und wie die Vorbereitung zur Yogastunde.

Zum Abschied nahm ich dann die OP-Packung mit etlichen Beuteln pulverisierten Etwas in Empfang, die ich mit nach Hause nehmen sollte. Einen Tag vor der rektalen Musterung solle ich das in drei (!) Litern Wasser auflösen und zu mir zu nehmen.

Was ich dann auch getan habe. Tapfer habe ich mich befüllt wie einen Wasserballon. Und niemand hat anschließend meine Hand gehalten, als das Teufelszeug mein Gekröse durchgluckerte – um dann von jetzt auf gleich mit cirka hundert Stundenkilometern raketengleich zur Hölle zu schießen!

Nicht ein lieber Mensch hat sechs bis sieben Mal meinen schweren Gang Richtung Abort begleitet und keine Prozession hat schweigend am offenen WC gestanden, um dem, was ich vormals im blühenden Leben war und sich nun erbärmlich auf der Schüssel krümmte, die letzte Ehre zu erweisen!

Ich bin so grundenttäuscht von einem Leben voller einsamer Momente, endlos im All sich verflüchtigender Sinnfragen und unbewältigter Sinnkrisen.

Älter werden ist nichts für Feiglinge, Prost!

Mitmenschen – und andere Katastrophen

Marie-Pascale Gräbener, aus der Serie:
Poseidons Rache an Pasiphaë

Enne bekommt Fahrerlaubnis

An diesem frühlingshaften Montagmittag wollen wir die Mittagspause draußen verbringen und schlendern entspannt Richtung Innenstadt. Unser Zivi beflirtet die Praktikantin und labert ihr einen Knopf ans Ohr, während ich, Enne an der Hand, meinen wortkargen Arbeitskollegen beschweige.

Bevor wir in die Pause gehen können, müssen wir Enne noch zuhause abliefern. Der darf nicht mehr ohne Begleitung los, weil er in letzter Zeit öfter gesehen wurde, wie er fröhlich bei Rot die Kreuzung überquert hatte, um seinen Kumpels hinterherzulaufen, die schon vorausgegangen waren.

Bisher konnten wir ihm den Unterschied zwischen Grün und Rot nicht näherbringen. So oft wir auch das Hütchen-Spiel mit ihm spielten, tippte er erfolgreich auf das grüne Hütchen, unter dem die Süßigkeit lag, mümmelte freudestrahlend seinen Gewinn und sagte zufrieden: „Rott!" Tippte er auf das Rote, sagte er, auf der Prämie herumkauend: „Chrün!"

Und umgekehrt – was uns dazu veranlasste, die Hoffnung neu aufblühen zu lassen, dass er doch eines Tages Farben erkennen und benennen oder zumindest einen Unterschied ausmachen konnte.

Bis dahin haben wir dafür Sorge zu tragen, dass er unbeschadet nach Hause kommt, und Enne genießt unsere Begleitung sichtlich. Unterwegs nötigt er uns zur Einkehr bei seinen Freunden aus der Bäckerei, dem Sportgeschäft und im 1-Euro-Shop.

Da Enne den Weg tagtäglich viermal geht, kennt man ihn in allen Geschäften. Vor allem, weil er dort gerne sein Taschengeld verprasst. Doch auch ohne Kohle kann er absahnen, wenn er seinen Charme sprühen lässt und die gesamte Belegschaft freudigst per Handschlag begrüßt. Dabei stammelt er aufgeregt die neuesten Neuigkeiten seines Enne-Lebens: „Neue Hose!", „Neue Kappe!", „Neue Tasche!", wobei er wild gestikulierend seine Neuerwerbungen zur Ansicht aufdrängt. Meistens bekommt er dann was Ess- oder Herzeigbares in Form von buntem Schnickschnack geschenkt. Und heute scheint sein Glückstag zu sein, denn er erwirbt ein rotes Auto. Freudestrahlend nimmt er seinen Schatz in Empfang.

Wie schön – haben wir doch gleich mal was mit Aufforderungscharakter, um Farben zu trainieren: „Schönes Auto!", stelle ich mit Kennerblick fest.

Er nickt verzückt.

Enne steht auf schnittige Autos.

„Welche Farbe?"

„Chrün!", grinst Enne.

„Nein: Rot. Sag mal: Rot, Enne!"

„Rott!"

„Toll! Super, Enne! Und welche Farbe hat dein Auto?"

„Chrün!"

„Lass uns mal weitergehen, dein Mittagessen wartet ..."

Als wir auf den Marktplatz zusteuern, registriere ich leider zu spät, dass da ja ab heute Kirmes ist ...

Enne hat aber die bunten Buden schon entdeckt und hüpft aufgeregt auf und ab: „Kappe kaufen!"

Ich funke hinter seinem Rücken meinen Kollegen David an und zische: Ablenken!

David lockt ihn mit den Auslagen eines Geschäftes: „Guck mal hier, Enne ...!"

Erfolglos.

Enne will jetzt sein Power-Shopping auf der Kirmes machen und eine Kopfbedeckung kaufen. Enne steht auf coole Kappen.

Wir kennen das. Wenn er die sieht, gerät er in kürzester Zeit in einen solchen Kaufrausch, dass er hyperaktiv auf jede beliebige in der Auslage zeigt und: „Haben! Kaufen!" greint.

Und wehe, wenn er die nicht bekommt. Dann gibt es Wehgeschrei, Zeter und Mordio bis zum Abendbrot.

Na, das kann ja heiter werden ...!

Ich rufe dem Zivi und der Praktikantin hinterher, die begeistert auf die Kirmes zusteuern: „Ich glaube, das ist jetzt keine so gute Idee, ihr Lieben ...!"

Ach, was soll es – lassen wir ihn halt sein Taschengeld verschleudern – und dann ab durch die Mitte. Gott sei Dank ist heute der erste Kirmestag und an den Buden noch tote Hose.

Enne bekommt also seine Kappe und wir ziehen weiter, zielstrebig dem Ausgang zu.

Gerade halte ich wieder sein feuchtes Schwitzehändchen, als er sich mir flugs entwindet, aufgeregt: „Auto! Auto!" gestikulierend.

Wir spurten hinterher und holen ihn vor dem Kinderkarussell wieder ein.

Da bleibt er stehen und beobachtet hypnotisiert, wie Feuerwehrauto, Polizeiauto und Krankenwagen ihre Runden drehen.

Viele Runden.

Zu den Klängen der lärmigen Umtata-Musik schaukelt er sich verzückt in Trance.

Solche Musik mag Enne am liebsten.

Na, Super – jetzt geht unsere Mittagspause kreisend, klingelnd und scheppernd flöten!

Und Enne guckt mit Wunschaugen ins Kinderkarussell und sieht so bedröppelt aus – wie einer, der weiß, dass er das Objekt seiner Begierde nie, nie, bekommen wird.

Das rührt mich an.

„Schöne Autos“, sage ich wieder mit Kennerblick.

Enne nickt stumm und beobachtet fasziniert ein vorüberziehendes Feuerwehrauto, in dem zwei Kinder sitzen, die sich ängstlich aneinander festhalten.

Ich ahne etwas. Und räuspere mich: „Ähem ... bist du schon mal Karussell gefahren, Enne?“

Enne schüttelt seltsam verlegen den Kopf.

„Noch nie?“

Enne guckt woanders hin und antwortet nicht.

Ich habe einen Kloß im Hals.

„Möchtest du denn mal Karussell fahren, Enne?“

Enne starrt durch mich hindurch.

Dann sagt er leise und sehnsüchtig: „Enne Auto fahren.“

Das ist ein verdammt langer Satz für Enne.

Und das wird nicht leicht sein.

Ich zische meinem Team noch kurz zu: „Wehe, wenn einer lacht!“ und klettere über den Holzboden an der Außenkante zum Schausteller-Häuschen.

Der Mann hinter dem Schalter reagiert nett, als ich ihn um eine Fahrerlaubnis für unseren Schumi bitte und dabei auf Enne zeige.

„Aber der ist zu groß, der passt in kein Auto“, gibt der Besitzer zu bedenken.

„Dann setzen wir ihn oben auf die Rückbank des Cabriolets, wie ihren Kassierer“, schlage ich vor, und schließlich ist er einverstanden und händigt mir ein Ticket aus.

Enne kann es nicht fassen, als ich zurückkomme und sage: „Los, einsteigen, mein Freund!“

Das Karussell hält und wir helfen ihm auf den Rücksitz des roten Cabrios. Wir können ihm gerade noch zeigen, wo er sich festhalten soll, und schon dreht sich das Ding wieder und wir müssen abspringen.

Enne macht ein Angstgesicht und sieht sich panisch nach uns um, als er im Karussell langsam von uns weggedreht wird.

Na, ob das eine gute Idee war ...?

„Jetzt seid mal alle schön fröhlich!", ordne ich an und wir stehen da wie eine Fernsehserien-Familie und grinsen, bis die Mundwinkel zucken.

Enne kreist gerade festgekrallt an drei verdutzten Müttern vorbei, die kurzzeitig vergessen, ihren Kindern zu winken. Eine Umdrehung später taucht er wieder in unserem Gesichtsfeld auf und – Spaß sieht irgendwie anders aus ...

„Anfeuern!", zische ich den anderen zu und lege, Zuversichtlichkeit vortäuschend, schon mal vor: „Prima, Enne – super machst du das!", feuere ich ihn an und mein Team unterstützt mich nach Kräften und winkt und winkt und strahlt wie die Kelly-Family.

Nach drei Runden hat Enne das Prinzip geschnallt und will noch auf ein anderes Auto.

Und dann wieder auf ein anderes.

Und während Enne sich selig verzückt mit den Kindern im Kreise dreht, lacht auch Gott sei Dank niemand.

Über einen siebzigjährigen, zahnlosen, geistig behinderten Mann, der vermutlich zum ersten Mal in seinem Leben eine Fahrerlaubnis für ein Kinder-Karussel bekommen hat.

ENNE BEGEHRT

„Lass das!“

Es ist Montagnacht, acht Uhr – da bin ich noch nicht so schwingungsfähig.

Ungern beendet Enne seinen Schmiegeangriff und schnüffelt mir noch einmal abschließend auf dem Kopf herum, bevor er mir wehmütig durchs Haar flauscht.

„Stell dich mal nicht so an – wegen so ein bisschen sexueller Belästigung am Arbeitsplatz!“, grinst mein Pflege-Assistent.

„Und du hältst mal schön den Ball flach – sonst besorge ich dir im nächsten Quartal einen schwulen Praktikanten!“, erwidere ich mit Grinsekatzelächeln und beuge mich über den Schreibtisch, weil das Telefon bimmelt.

Der Assistent und Enne starren jetzt verzückt auf meinen Hintern – und glauben beide, dass ich das nicht wüsste.

Während ich mit dem Telefonat beschäftigt bin, startet Enne seine ganz plumpe Anmache. Unauffällig schleicht er sich langsam von hinten an, schmiegt sich sachte an mich und atmet mit mir im Takt. Dann beginnt er, sich dezent an mich zu pressen und an meinen Hüften zu reiben.

„Enne, lass das! Geh jetzt bitte nach oben – ich komme gleich!“

„Harrr, harrr: der war gut!“, feixt der Assistent blöde.

Enne huscht in den Flur zurück, hängt dort seinen Rucksack auf und harrt grinsend der Dinge, die da kommen.

Ich sehe schon: das wird heute anstrengend.

Zur Strafe übergebe ich das Telefongespräch dem Assistenten und schlendere auf Enne zu, der mich mit weit offenem Mund und ausgebreiteten Armen wie seine lang vermisste Geliebte in Empfang nimmt: „Nini!“

Wenn der mich so anstrahlt, habe ich entweder was Essbares in der Hand oder er ist oversexed and underloved. Das ist bei meinem Pflege-Assistenten in etwa genau so.

Dass das Intelligenzalter nicht unbedingt mit dem Sexualalter übereinstimmen muss, ist wohl nichts Neues unter der Sonne. Man kennt ja so manchen älteren Herrn, der seine knorrigen Finger nicht bei sich lassen kann – unser betagter Herr Enne jedoch ist weit über Siebzig und hat ein Intelligenzalter von drei bis vier Jahren.

Das kann montagmorgens schon eine mittlere Herausforderung sein.

Gemeinsam warten wir auf den Aufzug und Enne nutzt seine neue Chance und umwirbt mich wie ein Berserker:

„Guck, Nini: neue Kappe! Guck, Nini: neue Hose!"

„Ja, ja – schöne Klamotten haste an, mein Enne!", gähne ich verhalten.

Enthusiasmiert nestelt er an seinem Blaumann herum, dann zieht er stolz seinen Zollstock hervor.

Nun ja. DAS kennt frau auch zur Genüge: Männer, die auf der Balz gerne mal mit Statussymbolen aus ihrem Job strunzen.

Mit verhaltener Begeisterung betrachte ich wohlwollend das Phallussymbol, mit dem er mir unter der Nase herumwedelt und bin froh, als der Fahrstuhl endlich da ist. Er ist leer.

Dumm gelaufen.

Kaum, dass die Türen sich geschlossen haben, rückt Enne mir mit der Entschlossenheit eines Mannsbildes in den Werbe-Wochen auf die Pelle. Vertraulich legt er mir seinen Arm um die Hüften, schnüffelt wieder an meinem Haar und flüstert dabei erregt: „Meine Freundin, nä, meine Freundin!?"

„Nein, Enne. Ich bin nicht deine Freundin. Wir arbeiten hier zusammen."

Ich entwinde mich seiner Umklammerung.

Dabei fühle ich mich wie ein grässliches, kaltes Monster.
Enne guckt bedröppelt.

Der Fahrstuhl öffnet sich und Enne springt hyperaktiv in Richtung Aufenthaltsraum – mal sehen, welche Mädels heute da sind.

In Bezug auf Abweisung verhält der sich wie mein Pflege-Assistent – und wie jeder andere hormonell unterversorgte Kerl eben auch.

Ist ja irre!

Wenn ich mal ganz prachtvoll einen an der Waffel haben sollte, wünsche ich mir einen Psychiater wie Manfred Lütz, der das wunderbare Buch geschrieben hat: „IRRE! Wir behandeln die Falschen. Unser Problem sind die Normalen". Nachdem ich sieben ereignisreiche Jahre in der Psychiatrie gearbeitet habe, wundere ich mich immer noch, wenn „Normalos" die Vorstellung despektierlich finden, dass Psychiatrie-Dienstleister mal das ein oder andere Anekdötchen aus ihrem Berufsalltag erzählen – wie jeder Tatortreiniger oder Bestatter eben auch.

Nur wer den wahnsinnig normalen Alltag mit ver-rückten Menschen kennt, weiß, wie therapeutisch das für beide Seiten ist, wenn man gemeinsam lachen kann. Über den Krankheitsgewinn, zum Beispiel.

Wenn ein von Zwängen beherrschter Mann jede Form der Ablenkung durch Beschäftigung mit der Ergotherapeutin verweigert und durch seine beinharte Noncomlience die überengagierte Dame langsam entnervt: Farben erträgt er nicht, Sand geht gar nicht, Ton ist Ähbä und die Struktur von Holz und Papier mache ihn fix und alle ... Bis die Basteltante mit Rasierklingenlächeln ihr letztes As aus dem Ärmel zieht: „Gut, Herr B. – dann gießen sie doch jetzt einfach alle Blumen im Flur." Was Herr B. ungerührt als ihm nicht zumutbar ablehnt: das würde er ja gerne, könne aber nicht, Sie verstehen: Wasser-Allergie ...

Wenn man zu der kleinen Welt der Psychiatrie noch so gar keinen Kontakt hatte und die dort arbeitenden kranken Schwestern und irren Ärzte für gaga hält, nur weil sie dem ein oder anderen bizarr bezaubernden Menschen auf Augenhöhe begegnen, statt die Straßenseite zu wechseln oder sich zu bekreuzigen, ist man vielleicht der Meinung, dass an bestimmten Arbeitsplätzen einfach nur pietätvoll geschwiegen werden sollte.

Obwohl doch jeder aus eigener Erfahrung weiß, dass einen das Lachen besonders gerne an den unpassendsten Orten und zum unpassendsten Zeitpunkt heiß erwischen kann.

Als Praktikantin in der allgemeinen Psychiatrie habe ich als Erstes gelernt: du kannst nicht 24 Stunden betroffen sein. Und die Patienten auch nicht. Damals hat mir mein Anleiter empfohlen, in den rheinischen Landeskliniken besser nicht alleine Fahrstuhl zu fahren – was ich überhaupt nicht verstehen konnte – bis zu dem Tag, als ein Mann mit besorgniserregender Gesichtsfarbe und einem Hannibal-Lektor-Lächeln mir die Fahrt mit wahnhaft-vieldeutigen Kenntnissen über seinen persönlichen Freund Gott und den Geheimdienst, der uns gerade beobachten würde, versüßte.

Der Mensch ist mehr als die Summe seiner Diagnosen, und ab und zu muss auch der Psychotiker mal über den ganz normalen Wahnsinn kichern dürfen. Zum Beispiel über Krankenschwester Irmgard, die es sich zur Lebensaufgabe gemacht hat, ihr nimmermüdes Helfersyndrom an diesen regellosen Individualisten abzuarbeiten.

Im Klinikalltag der Psychiatrie sieht man alltäglich so viel Trauriges, Anrührendes, Abstoßendes, Erschreckendes, Bizarres, Seltsames, Interessantes, dass man dafür abends keine Talkshows mit langweiligen Honorar-Deppen mehr braucht.

Stattdessen freut man sich von Herzen über die freundliche, ältere Kampfhäklerin, die während ihres kurzen Aufenthaltes das gesamte Pflegepersonal mit selbstgeklöppelten Häkeldeckchen beschenkt, die sie auf der Akutstation pausenlos vor sich hin knüttelt.

Behutsam auf ihre Anamnese angesprochen, schüttelt sie stets widerwillig den Kopf und murmelt: „OhmeinlieberHerrJesusundMutterMariagebenedeitseistdu…"

So dass wir lieber nicht weiter insistieren wollen.

Wenn in der Teambesprechung dann Oberpfleger Helmut mit monotonem Singsang den Einweisungsgrund vorträgt: … Frau M. aus D., die – laut Polizei-Bericht – ihr Leben lang als Hauswirtschafterin bei dem katholischen Pfarrer in D. lebte und arbeitete … bis zum vergangenen Sonntag, an dem sie – laut Zeugenaussagen – den Pfarrer anfangs während seiner Predigt immer wieder mit unflätigen Kommentaren unterbrochen und provoziert habe und dann vor den Augen der Gemeinde quer durchs Kirchenschiff nach vorne zum Altar geschritten sei und ihm – vermutlich im Beziehungswahn – laute Verwünschungen ausstoßend, ans Gemächt gegriffen habe … Da möge ernst und ungerührt bis ins Mark bleiben, wer kann – ich kann es jedenfalls nicht.

Auch nicht bei Frau K., einer Dame mittleren Alters, die ebenfalls von der Polizei wegen Erregung öffentlichen Ärgernisses nackt in die Klinik gebracht wurde. Weil sie im (wahnhaften) Kontakt mit Außerirdischen eine, wie sie es ausdrückte, „Natur-Extase" erlebt hatte, die häufig eintrete, wenn die Extraterrestrischen sie mit dem Ufo „nach Hause" abholen möchten.

Für Frau K. war das ein ganz unspektakulärer und inzwischen gewohnter Vorgang, und sie verstand die ganze Aufregung um ihre Person überhaupt nicht. Nachdem sie wieder angemessen gekleidet war, bedankte sie sich höflich, lehnte in den folgenden Tagen jede Medikation und jedes Gespräch freundlich ab und bestand stattdessen auf ihrer Entlassung. Die wurde ihr dann auch wegen mangelnder Fremd- oder Selbstschädigung sowie Krankheitseinsicht gewährt.

Das war an sich nicht so besonders witzig.

Am Tag ihrer Entlassung jedoch komme ich mittags am Schwesternzimmer vorbei und höre folgenden Dialog:

„Sag mal, was ist denn mit Frau K.?"

„Wieso? Die ist doch schon seit heute Morgen entlassen."

„Aber guck doch mal aus dem Fenster, die sitzt dort draußen schon seit Stunden wie angekettet auf der Bank. Worauf wartet die denn noch?"

„Na, auf das Ufo, das sie mit „nach Hause" nimmt, du Dämel ...!"

In unserer Tagesstätte für chronisch psychisch Kranke war die oft ungewollte Situationskomik das Beste, was der Tag uns allen – außer Arbeits- und Beschäftigungstherapie – zu bieten hatte.

Da bekommt das Wort „Gesellschaftsspiele" eine völlig neue Bedeutung, wenn man mal mit drei hochmisstrauischen Schizophrenen, vier kognitiv Gehandicapten, die des Lesens und Schreibens kaum (mehr) mächtig sind, zwei mitreißenden Manikerinnen, drei völlig antriebslosen, apathischen Depressiven, einer kecken Borderlinerin und zwei rührend Dementen pantomimisches Berufe-Raten gespielt hat.

Oder wenn man morgens um 10 Uhr in der Geronto-Psychiatrie zum sechsundneunzigsten Mal auf allgemeinen Wunsch zum „Mensch-ärgere-dich-nicht" genötigt wird: Dame A. rechts neben dir kann sich nicht merken, dass ihr die grünen Spielfiguren gehören – dafür nimmt sie lieber die Schwarzen der Nachbarin B., die daraufhin sofort Krach mit ihr anfängt und ihr wütend das Haar rauft. Herr C. links neben dir macht seine Spielzüge gerne mal rückwärts, darüber mokiert sich dann seine Sitznachbarin, Frau D. und greint, sie wisse ganz genau, dass man beim Halma IMMER vorwärts gehen MUSS, sonst spiele sie nicht mehr mit. Herr E. muss jetzt mal und du wartest geduldig gefühlte Stunden, bis klar ist, dass er den Weg von der Toilette nicht zurückgefunden hat. Also musst du auf Frau F. zurückgreifen, die den Würfel IMMER so über den Tisch schmettert, dass er JEDESMAL unter den Tisch rollt und du JEDESMAL hinterher kriechen musst, weil sich außer dir keiner mehr bücken kann. Die sechste Mitspielerin fragt dich UNUNTERBROCHEN mit hoher Fistelstimme: „... und wann kommt denn jetzt meine Tochter ...?" – dann wird dir klar, dass du das NUR mit viel Humor überstehen kannst.

Oder gar nicht.

Uuund: Action!

„Was macht eigentlich die Frau Zimmermann?“, fragt Helge, bevor er sich seinen Joint anzündet.

„Donnerstags ist die in ihrem Kirchenchor – kannst ruhig loslegen“, antworte ich grinsend und lasse den Sektkorken an die Decke ploppen.

Wenn Helge mich besucht, geht es immer heiß her. Wir fangen mit Pizza und Chianti vom Italiener um die Ecke an und hören erst auf, wenn einer von uns umgefallen oder eingeschnarcht ist.

Besser ist es, Frau Zimmermann ist dann nicht im Haus. Meine Vermieterin ist eine nette, alte Dame, die einmal am Tag warm isst, zweimal in der Woche hingebungsvoll ihren Flur feudelt und dreimal pro Woche ihre sozialen Kontakte pflegt. Das tut ihr und mir gut – werde ich doch an diesen Tagen von Helge belagert, der ständig irgendeinen Scheiß ausheckt, mit dem wir uns die Zeit vertreiben. Seit einigen Semestern studieren wir zusammen – was bei uns so viel heißt, dass wir so tun, als ob. Meine Eltern haben Frau Zimmermann gesagt, sie solle ein Auge auf mich haben, und mein Vater hat zur Bestechung gleich drei Monatsmieten im Voraus hingeblättert. Seitdem kommt sie ab und zu in der Mittagszeit zu mir hoch und bringt mir zur Tarnung ein Schüsselchen mit Selbstgekochtem, wobei sie unauffällig einen misstrauischen Rundumblick durch mein Wohnklo startet. Mir kann das wurscht sein, tagsüber bin ich noch recht ordentlich, soll sie ruhig gucken.

Frau Zimmermann kann noch gut sehen, aber schlecht hören. Und das kommt mir sehr gelegen, seitdem Helge regelmäßig bei mir vorbeikommt. Wie gut, dass sie tagsüber häufig unterwegs ist und abends vorm Zubettgehen ihr Hörgerät ausschaltet. Und sie geht Gott sei Dank früh ins Bett. Als ich mich mal nach einer Spontanfete für den Krach bei ihr entschuldigen will, winkt sie gnädig ab: „Ach, lass man, Kindchen, spätestens um elf Uhr bin ich im Bett und höre nichts mehr – aber trotzdem: in Maßen feiern, in Maßen!"

Damit unser gutes Miet-Verhältnis weiterhin ungestört bleibt, erlaube ich Helge das Kiffen nur, wenn Frau Zimmermann aus dem Haus ist – wie heute. Helge und ich haben bereits eine Flasche Rotwein beim Italiener geleert, und jetzt geht's mit Prosecco weiter. Helge saugt an seiner Tüte, als gäbe es kein Morgen.

Mir ist jetzt nach Santana, und während „Black Magic Woman" die Gläser im Regal vibrieren lässt, hält Helge mir grinsend seinen Joint hin. „Nee, lass man gut sein, Alter – Dummheit kifft, Intelligenz säuft – oder wie war das?"

Eine Stunde später ist er reichlich stoned und ich angeschickert. Santana läuft im Endlosmodus und ich tänzele gerade in Halbtrance versunken über den Flokati, da meint Helge: „Hey, Baby – lass uns zusammen Skilaufen!"

„Wasss?" frage ich, und bleibe so abrupt stehen, dass ich torkelnd den kleinen Tisch mit den Räucherstäbchen umwerfe.

Ich hätte jetzt sooo Bock auf Ski fahren ", sagt Helge und lacht zum Niederknien sexy.

„Du bisss doch bescheuert! Es ist Anfang Juni. Wo soll man da Ski fahren, he? Schlag noch wasss vor, wasss wir garantiert nicht können – meine funkelnagelneuen Skier stehen seit Weihnachten auf dem Dachboden und modern da vor sich hin ..."

„Wie, du hast welche? Holen, Baby: Ho-len!"

Helge rappelt sich mühsam aus dem Schneidersitz und wankt mir mit offenen Armen entgegen.

„Arghhh, ich wusste es: Du hast Traumfrauqualitäten! Sei

mal spontan und hol` deine Skier vom Dachboden, Büddebüddebüdde!"

Wie ein kleiner Junge steht er bettelnd vor mir und macht Wunschaugen. Ich kann diesem Helge-Blick einfach nicht widerstehen.

Also gebe ich nach und gucke erstmal im Flur, ob die Luft tatsächlich rein ist. Unten bei Frau Zimmermann ist alles schön dunkel.

In leichtem Zickzack gehe ich zur Dachbodentür und versuche, mich im schummrigen Licht zu orientieren. Ich habe dort einen kleinen Verschlag für das sperrige saisonale Equipment, das ich im Schrank nicht unterbringen kann: Mein Zelt samt Schlafsack, meine Inliner, eine Luftmatratze, drei Sonnenhüte, zwei Karnevalskostüme, zwei Wintermäntel – und meine Skischuhe und die Skier.

Helge lehnt im Flur, seinen zweiten Joint in der Hand, und nimmt mir selig die sperrigen Dinger ab, während ich mit Schuhen und Stöcken hineingewankt komme. „Weisss du, dasss du`n Vollidiot bisss?"

„Ey, wir machen jetzt DAS ultimative Skifahrer-Foto. Und twittern das unseren Freunden, wuhahahharrrharrr ...!", ruft Helge, völlig aus dem Häuschen.

Langsam finde ich Gefallen an seiner Idee:

„Geniaaal, Alter – ich hol` eben meine Winterjacke und Mütze, nä?" Kichernd schenke ich mir Prosecco nach:

„Prrrost, Deutscheland, mein Wintermärchen!"

Als ich bepackt mit neuen Klamotten vom Dachboden komme, sitzt Helge im Flur auf dem Boden und vergewaltigt gerade seine großen, nackten Füße, indem er sie in meine Skischuhe, Größe 42, quetscht. Ich sehe ihm dabei zu und binde ihm liebevoll die Strippen meiner Norwegermütze unter dem Kinn zur Schleife. Er sieht jetzt aus wie Tante Käthe auf Speed.

Ich steuere noch weitere Requisiten bei, die ich finden konnte. Die zweite Flasche Prosecco verlässt den Kühlschrank, und da wir beidhändig beschäftigt sind, süppeln wir den gleich aus der Flasche.

Helge steht breitbeinig und leise schwankend in meiner braunen Felljacke auf den Skiern. Die Norwegermütze hängt schief über seiner schweißbedeckten Stirn und ich mache mich fast nass vor Lachen.

„Hol dein Handy, schnell – ich muss pinkeln, wuhahahaaa", brüllt Helge, und ich renne ins Wohnzimmer, meine Handtasche suchen. Als ich zurückkomme, ist Helge nicht mehr da.

Die Wohnungstür steht sperrangelweit offen und ich haste in den Flur. Helge hat sich am Treppenaufgang aufgebaut und lacht mir nasal über die Schulter zu. Er hat meine Taucherbrille auf.

Vor Lachen kann ich kaum mein Handy still halten und brülle: „Uuund: Action!"

Helge strahlt mich selig besoffen an – da reißt es ihn plötzlich nach vorn und er brettert in Schussfahrt abwärts. Während ich mich im Lachflash krümme und in den Knien einknicke, betritt Frau Zimmermann von draußen den Flur. Der Rest ist ein dumpfes Krachen und Bersten und ein spitzer Schreckensschrei von Frau Zimmermann, die es zu Boden gehauen und unter Helge zum Liegen gebracht hat.

Es dauert eine gefühlte Ewigkeit, bis ich begreife, was da gerade passiert ist. Während mir noch Lachtränen die Wangen herunterlaufen, zieht sich mein Beckenboden abrupt zusammen, während kalte Schauer über meine Wirbelsäule rieseln. Ich erstarre vor Schreck.

Unten rappelt sich Helge mühsam auf und will Frau Zimmermann ebenfalls auf die Beine stellen. Die aber liegt stöhnend am Boden und wehrt sich. Sie schreit Zeter und Mordio und haut nach ihm mit ihrer Handtasche.

„Ruf mal `n Krankenwagen", murmelt Helge schließlich mit schneeweißem Gesicht und löst hastig die Bindungen von den Skiern. „Ich glaube, die Lady hier hat was gebrochen!"

Ich funktioniere nur noch auf Autopilot: rufe per Handy einen Krankenwagen, stolpere danach mit einer Wolldecke die Treppe hinunter, zische dabei Helge an: „Mach, dass du nach oben kommst und zieh sofort die Klamotten aus – und lass dich hier nicht mehr blicken, hörst du!"

Helge trollt sich geschockt und sammelt die zerbrochenen Teile auf, die meine Skier waren. Ich bin plötzlich stocknüchtern und habe Schiss, dass die Sanitäter den zugedröhnten Helge und mich Suffkopp gleich mitnehmen wollen.

Beruhigend rede ich auf die am Boden liegende Frau Zimmermann ein und tätschele ihr die Hand, bis der Krankenwagen kommt. Erst, als die Sanitäter mit ihr Richtung Krankenhaus unterwegs sind, denke ich wieder an Helge.

Eine Weile sitzen wir beide in der Küche und suhlen uns im Katzenjammer: Wenn Frau Zimmermann etwas Schlimmes passiert ist – wir sind Schuld! Nicht auszudenken, wenn sie ...

„Ich zieh mich schnell um und du rufst ein Taxi, wir müssen ins Krankenhaus, nach ihr sehen. Und trink` deinen Kaffee aus, damit du runterkommst!", kommandiere ich Helge. Ich bin erstmal stellvertretend auf ihn sauer, statt auf mich und es ist mir Scheißegal, dass er humpelt.

Eine Stunde später sind wir in der Notaufnahme und fragen nach Frau Zimmermann. Wir lügen dreist an der Rezeption, Frau Zimmermann habe keinerlei Verwandte mehr und ich sei ihre einzige Untermieterin. Sie brauche sicher einen

Ansprechpartner und ihre Sachen ... Wäsche oder so etwas. Die Dame hinter der Glaswand beäugt uns misstrauisch und liest unengagiert die Liste rauf und runter. Dann scheint sie fündig geworden zu sein. „Frau Zimmermann ist hier um 19.30 Uhr eingeliefert worden ..."

Na also, geht doch! Ich seufze hörbar auf.

„... Aber sie ist nicht mehr hier – sie ist gleich verlegt worden."

Oh. Mein. Gott.

Ein komplizierter Bruch? Alte Menschen kriegen doch so schnell einen Oberschenkelhalsbruch ... und landen dann im Rollstuhl ... Was haben wir bloß angerichtet!

„Wo ist sie denn jetzt? Bitte bitte, ich muss sie sehen, unbedingt!", stammele ich mit zitternder Unterlippe, während Helge betreten über seine Schuhe meditiert.

„Da müssen sie rüber zu den Rheinischen Kliniken, Haus 22, Station 3!", antwortet die Frau und ist dabei so emotional kataton, wie es sich für eine Empfangsdame in der Notaufnahme gehört.

Im Eiltempo stolpern wir kreuz und quer durch die Abenddämmerung über das Klinikgelände, bis wir endlich vor einem Hochhaus mit der Nummer 22 stehen. Auch hier stehen wir wieder vor der Glasscheibe einer Rezeption. Ich leiere also wieder denselben Text, während Helge den stummen Begleiter mimt. Die Dame hinter Glas scheint auch hier so einiges gewohnt zu sein und hört sich schweigend unsere Story an. Sie telefoniert kurz und weist uns dann knapp an: „Vierte Etage, Geronto – fragen Sie den Arzt in Bereitschaft oder das Pflegepersonal."

Als wir endlich dort angekommen sind, will man uns nicht hinein lassen. Bedröppelt lesen wir das Schild: „GERONTOPSYCHIATRIE" und machen jetzt wohl einen so fertigen Eindruck, dass ein Arzt wenigstens kurz aus der Tür schaut.

Nein, er dürfe uns keine Auskunft geben. Nur so viel: der Sturz habe, außer ein paar Prellungen, keine nennenswerten physischen Folgeschäden für Frau Zimmermann gehabt.

„Aber ... aber", stottere ich kläglich, „warum liegt sie dann hier auf der Psychiatrischen, die war doch geistig immer gut beisammen?"

Der geschulte Blick des Arztes scannt uns von oben bis unten. Anschließend klärt er uns herablassend auf: „Bei älteren Menschen kann es nach einem schweren Sturz vorkommen, dass sie danach psychotisch sind. Bei der Befragung nach dem Unfallhergang hat uns die alte Dame eine dermaßen abstruse Geschichte erzählt: Nachdem sie den Hausflur betreten habe, sei sie von einem Skifahrer umgefahren worden ..."

***

Ich und Matthieu

Seitdem mir dieses Buch über das Glück von Matthieu Ricard in die Hände gefallen ist, weiß ich, dass meine Arbeitslosigkeit beste Voraussetzungen zur Erleuchtung darbietet:

Wenn ich frühmorgens auf der Wiese vor meiner Einsiedler-Klause sitze, habe ich zwar nicht die in den Himmel ragenden Gipfel des Himalayas vor Augen, sondern den sozialen Brennpunkt unserer kleinen Spießer-Oase. Doch die grau-betonierte Unansehnlichkeit des bei Sonnenaufgang still brachliegenden sozialen Wohnungsbaus wird natürlich und übergangslos eins mit dem Frieden in mir. Hier lässt es sich doch vortrefflich der Betriebsamkeit eines hektischen Arbeitsalltags entsagen und im Schießer Feinripp überm kugelrunden Buddha-Bauch meditieren!

Das klingt nach einer radikalen Kehrtwendung eines sich bisher durch Leistung und IKEA-Möblierung definierten Menschen.

„Doch Entsagung heißt ja nicht, etwas Gutes und Schönes aufgeben zu müssen. Vielmehr geht es darum, sich frei zu machen von unbefriedigenden Lebenserfahrungen, um sich stattdessen entschlossen in Richtung derjenigen Dinge zu bewegen, die wirklich wichtig sind …"

Zum Beispiel: Einmal in der Woche zur Tafel zu gehen und für abgelaufene Lebensmittel zwei Stunden in der Kälte Schlange stehen oder zweimal in der Woche zur Klosterpforte zum Ein-Euro-Eintopf.

Nachdem ich beim Amt für Arbeit & Soziales mein Armutsgelübde durch den Hartz-Vier-Antrag abgelegt hatte, spürte ich sofort: **„… Es geht um eine neue Freiheit und Sinngebung – Freiheit von geistiger Verwirrung und**

den Problemen, die aus einer selbstbezogenen Haltung resultieren, und um Sinngebung durch Einsicht und Herzensgüte ...“ – des zuständigen Sachbearbeiters.

Und mit der Zeit wächst auch meine Erkenntnis.

Dass dort, wo „Arbeit & Soziales“ dransteht, alles Mögliche außer „Arbeit oder Soziales“ drin sein kann. Einige Jahre zuvor und eine Suchtproblematik weniger, glaubte ich noch an die Mär, dass mein Personal Coach mir beim Wiedereinstieg in den Job helfen würde:

„Ich möchte gerne was mit Menschen machen ...“

„Fein. Gerade ist eine prima Stelle in Posemuckel als Klofrau frei geworden!“

Im Laufe der Zeit entwickele ich einen unbändigen Trotz, mich diesen Demütigungsversuchen zu widersetzen.

Da ich weiterhin stur darauf bestehe, trotz meiner künstlerischen, handwerklichen, intellektuellen und sozialen Fähigkeiten auf eine sinnvolle Beschäftigung zu spekulieren, werde ich bald vom Abteilungsleiter-Guru mit der Aura eines spirituellen Meisters eines Besseren belehrt: Ob im hiesigen Kleintierzoo oder als Müllsammlerin im heimischen Stadtpark – keine Tätigkeit sei so gering, dass ich sie nicht zum Wohle der Allgemeinheit ausführen könne. Der Ein-Euro-Job als Spülhilfe bei Mac Ungesund zum Beispiel würde meine Selbstlosigkeit, Weltoffenheit, Hingabe und Lebensfreude erheblich fördern.

Von ihm habe ich auch mein geheimes, ganz und gar auf mich zugeschnittenes Mantra bekommen, das mir helfen soll, einen Weg zu einem erfüllten Arbeits-Leben zu finden. Ich darf nur so viel verraten, dass es aus dem Tibetischen ins Deutsche übersetzt in etwa bedeutet: „Tu nur, was ich sage, aber nicht, was ich tue.“

Belehrung und Unterweisung hat eine große Tradition in Deutschland und kommt hier im Beamtentum auf stimmige Weise zusammen: **„... eine tiefgründige, gesunde**

Denkweise und zugleich das lebendige Beispiel derer, die in Wort und Tat Weisheit verkörpern ..."

Und Hartz Vier soll mir helfen, eine Lebensweise zu pflegen, durch die ich fernab vom heiteren Strudel gesellschaftlicher Zerstreuung dauerhaftes Glück durch Entsagung und ein einfaches Leben in Armut erreichen kann.

Unsere gute Mutter Ursula von der Leierei erörterte kürzlich in einem Interview, dass man hervorragend von der Grundabsicherung – die noch unter dem Taschengeld ihrer zahlreichen Kinderschar liegt – vier Wochen eine Familie mit zwei Kindern ernähren und mit dem Rest noch prima Rücklagen für schlechte Zeiten machen könne.

Das ist sicher hinzukriegen: in Kalkutta.

Was bin ich doch für ein Glückspilz, dieses Buch über das Glück auf dem Flohmarkt durch halbstündige, zähe Verhandlungen auf Einsfuffzich runtergehandelt und in einem Rutsch gelesen zu haben!

Als Resultat meines Reifungsprozesses habe ich mir danach den Schädel rasiert.

Und bin in der Fußgängerzone als Nazi denunziert worden.

Seitdem ich die orange-rote Robe trage, ist es besser geworden, und jetzt legen die Marktfrauen auch mal einen Apfel in meine Bettelschale.

Durch mein neues Outfit gelingt es mir immer besser, destruktive Emotionen und exzessive Kaufräusche (im Sommer ein Eis im Biergarten, im Winter einen Glühwein auf dem Weihnachtsmarkt) zu überwinden und stattdessen meine menschlichen Qualitäten wie Geistesruhe, Achtsamkeit und selbstlose Liebe zu fördern.

„... Angenommen, Sie werden von einer alles überrollenden Welle der Wut erfasst und überwältigt ..."

Das ist Lichtjahre her. Heute nehme ich ohne einen Hauch emotionaler Beteiligung „Einladungen" zu Maßnahmen wie „50-fit" oder „back to job" entgegen und höre mir stoisch an, wie Menschen mit dem Charme eines Registrators bei Scientology das Einpflanzen neuer Glaubensinhalte vornehmen, um uns kostenträchtig aus unserer Komfortzone als ALG-II-Untermenschen in einen Übermenschen mit Job zu verwandeln. Dies geschieht – wie bei allen Sekten, die es auf das Geld abgesehen haben – mittels vier Komponenten der Bewußtseinskontrolle: Verhaltenskontrolle, Gefühls-, Gedanken- und Informationskontrolle.

Wer beim Auditing unangenehm auffällt, kriegt umgehend einen Job bei einer Zeitarbeits-Firma.

Wer sich kooperativ zeigt und die Klappe hält, darf einige Monate in einem stickigen PC-Raum abhängen, den Kopf auf den Tisch legen und komatös auf die Tastatur sabbern. Oder sich einfach mal seines Lebens freuen:

„...Und doch bietet ein Verzicht auf sämtliche Etiketten und Schubladen die beste Gewähr für Freiheit und ist die flexibelste, unbeschwerteste und freudvollste Art, sich in der Welt zu bewegen ..."

Zum Glück gibt es ja auch noch das Ehrenamt.

Humanitäre Projekte sind seither zu einem zentralen Thema in meinem Leben geworden. Zusammen mit ein paar engagierten ehrenamtlichen Freunden und den Jungs, die statt Knast Sozialstunden schieben, arbeite ich bei der Tafel und frage mich, während ich den Abfall sortiere: **„Gibt es eine konkrete Wirklichkeit hinter dem Schleier der äußeren Erscheinung?"**

Und: ob ich auch vor Glück schreie, wenn der Postmann mit meinen tibetischen Sandalen von ZALANDO vor der Tür steht und dreimal klingelt?

Fettgedruckt hervorgehobene Textstellen sind dem Buch von Matthieu Ricard mit dem Titel „Glück" entnommen.

Frömmeln für Anfänger

Immer, wenn ich mich schon viel zu lange richtig gut gefühlt habe, unternehme ich eine Kaffeefahrt zum Wallfahrtsort meines Vertrauens.

Als erstes suche ich dann die exklusivste Erlebnis-Bestatteria auf.

Die Särge dort sind so schön, dass ich wünschte, ich wäre tot. Ich informiere mich darüber, was frau heutzutage bei der Bestattung trägt. Zur eigenen, natürlich. Das diesjährige Motto für Damen ist: Charmant sterben. Das Fachpersonal rät, sich darüber beizeiten Gedanken zu machen – für mich sei es höchste Zeit ...

Auf den Schreck wanke ich ins nächste Café, wo meine Brüder und Schwestern im Geiste schon versammelt sind und andächtig Schwarzwälder-Kirsch und Buttercreme spachteln. Meine Freundin meinte, hier könnte ich garantiert mein „spätes Glück" finden – ich schaue mich also diskret unter den Herren um. Und verwerfe diesen Gedanken sofort wieder. Man will ja nicht, dass der nächste Orgasmus für ihn schon eine Nahtod-Erfahrung sein könnte ...

Nachdem ich ca. 1000 Kalorien intus habe, bin ich bereit für andächtiges Verdauen. Ich habe die Qual der Wahl: Weit und breit nur katholische Kirchen. Da ich ein Heidenkind bin, ist ja eh alles für die Katz – also entscheide mich für eine Erlösungs-GmbH und Co KG, in der gerade Gottesdienst gefeiert wird. Devot kauere ich in der hintersten Reihe und beobachte, was die drei Herren im Wallegewand da vorne auf der Bühne machen. Was für eine originelle Dramaturgie! Verstehe nur nicht so recht, ob es sich bei der Aufführung um ein Drama oder eine Komödie handelt. Hat von beidem etwas.

Ich gebe ja zu: Eigentlich komme ich nur wegen dem Weihrauch – der flashed mich immer so. Die Musik ist jetzt nicht so mein Ding. Vor allem nicht, wenn so ein engagierter Jung-Organist seine Harmagedon-Phantasien vor sich hin improvisiert. Das lenkt mich von meinem inbrünstigen Gebet ab: „Lieber Gott, ich habe geraucht, getrunken und so viel Unzucht getrieben, wie ich konnte. Nun belohne mich. Ich hatte da an Cuba Gooding gedacht … ist übrigens Baptist. DIE wissen, was gute Musik ist, Jesus! Wenn James Brown hier singen würde, tät ich mich sofort nackig taufen lassen, aber so …"

Als ich genug Weihrauch geschnüffelt habe, taumele ich Richtung Ausgang. Bevor ich die Tür aufreiße, überlege ich noch kurz, ob ich – aber das mit dem Weihwasser wird ja auch total überschätzt. Jedes Mal, wenn ich eine katholische Kirche verlasse, nehme ich brav ein Schlückchen. Es fördert die Verdauung, aber sonst …

Gemessenen Schrittes betrachte ich draußen die Auslagen der Devotionalien-Läden. Ich bin mir ganz sicher, dass man damit den Satan vertreiben kann: Wenn mir ein Exorzist mit so einem kitschigen Zeugs vor der Nase herumfuchteln würde, tät ich auch Erbsensuppe kotzen, garantiert! Ich betrete einen der Läden und frage, ob die auch Schutzheilige der Unvollkommenheit da haben: St. KiM (Konto-im-Minus) und den Heiligen UR (Unbezahlte Rechnungen) – aber die tun einfach so, als würden sie die nicht kennen. Deshalb nehme ich nur ein Fläschchen Eau de Lourdes mit. Vielleicht hilft es ja, wenn ich mir in erotischen Stunden davon ein paar Tröpfchen hinters Ohr und in die Kniekehlen tupfe – ich befürchte, meine Libido ist im Zustand der Mumifizierung.

Als ich wieder auf der Straße stehe, wird es Zeit für eine gute Tat. Ich suche mir einen netten Bettler aus und spende ihm mein Kleingeld. Bevor ich weitergehe, tröste ich ihn: „Es gibt immer ein Licht am Ende des Tunnels – und wenn es die Lichthupe eines entgegenkommenden LKWs ist!"

Dermaßen beflügelt von lichtvollem Gedankengut hätte ich beinahe einen Esoterik-Laden übersehen. Die trauen sich ja was: Im katholischen Kevelaer hinduistisches, buddhistisches und tantrisches Lehrgut zu verticken – darauf muss man erstmal kommen!

Ich verliebe mich auf der Stelle in ein aus Stein gehauenes Buddha-Bild mit Holzrahmen. Eine schöne Arbeit – und dazu noch ein Schnäppchen, meint der Verkäufer. Ich überlege noch. Sieht ziemlich schwer aus, das Ding. Aber würde sich echt toll neben meinem IKEA-Regal machen ... Der Verkäufer meint, zum Bahnhof sind es ja nur ein paar Schritte – also lasse ich mir das wuchtige Kunsthandwerk einpacken. Nachdem ich bezahlt habe, erfolgt die Übergabe und ich knicke mit den Knien ein: Heilige Scheiße, ist das Ding schwer!

Ich wuchte das teure Stück über die Straße und bin schon völlig erschöpft, als ich den gegenüberliegenden Bürgersteig erreicht habe. Dort stelle ich meine Last erstmal ab und frage einen Passanten nach dem schnellsten Weg zum Bahnhof. Zwanzig Minuten, sagt er. Ich bezweifle, ob ich das überlebe. Aber wenn ich jetzt ein Taxi rufen würde, hätte ich kein Schnäppchen mehr gemacht, das wär` auch wieder blöd ...

Geiz ist ja bekanntlich geil, also stemme ich das Teil in die Höhe – dahin, wo andere Frauen ihre Hüftknochen haben. Nie zuvor war ich so glücklich, dass ich dort Speckrollen habe, als sich gefühlte fünfundzwanzig Kilo in mein Fleisch bohren.

„Komm!", muntere ich mich auf, „denk an die Yogis! Und die Märtyrer! Und an den Weltfrieden!"

Ungefähr fünfhundert Meter halte ich das aus. Dann

muss ich das Mistding, wie ich es inzwischen liebevoll nenne, wieder absetzen. Schwer atmend stütze ich mich an einer Hauswand ab:

Einatmend weiß ich,
dass Wut ein unangenehmes Gefühl ist.
Ausatmend weiß ich,
dass dieses Gefühl geboren wurde und sterben wird ...

Nach meiner Achtsamkeitsmeditation nehme ich meine Bürde wieder auf – und damit all meine Mühen und Sorgen. Während ich mich mit dem Teil abschleppe und mir der Schweiß den Rücken herunter rinnt, habe ich Zeit und Muße, über mein ausschweifendes und lasterhaftes Leben nachzudenken. Kaum habe ich einen Buddha, da reift in mir auch schon die Erkenntnis: Buddhismus ist nix für Weicheier!

Rund fünfhundert Meter vor dem Bahnhof breche ich zusammen.

Ausgerechnet vor einer Bäckerei. Die Verkäuferin kommt mit einer Tasse Kaffe angelaufen, den sie mir einflößt. Na prima, jetzt verbrüht sie mir auch noch die Zunge!

„Gangge", röchele ich, "gas hat gut gegan!"

Als mich anschließend zwei mitfühlende Christenmenschen über die Straße zum Bahnhof schleifen, mündet mein Leid unaufhaltsam in Niedergeschlagenheit: Wenn mein Zug endlich kommt, werde ich keine Kraft mehr haben, einzusteigen ...

Da weiß ich dann plötzlich, worauf es für mich im Innersten ankommt:

NIE WIEDER KEVELAER!

Vorsicht vor Frühstücksradio

Gestern hatte ich eine kleine Party. Im ganz kleinen Kreis. Ich, eine Tüte Chips und zwei Flaschen ALDI-Wein.

Was dazu führte, dass ich nicht mehr weiß, wer mich gestern Nacht ausgezogen und nackt im Bett abgelegt hat. Ist jetzt nicht soo schlimm – ich lebe allein. Unangenehm ist nur, dass ich dehydriert und durstig zu einer Zeit erwache, die ich als nachtschlafend bezeichne.

Und geradezu niederträchtig ist: Es ist Samstag und ich hätte ausschlafen können.

Verdrossen torkele in die Küche, greife mir eine Flasche aus dem Kühlschrank, die ich mir direkt an den ausgedörrten Mund setze. Erst im gallebitteren Abgang schmecke ich, dass es sich um die Flasche Schwedenkräuter zur Anregung der Verdauung gehandelt hat.

Es gibt so Tage.

Gähnend schlurfe ich zurück und krieche wieder in mein schlafwarmes Nest.

Und kann nicht mehr einschlafen. Nach etwa einer Stunde gebe ich das Hin- und Herwälzen, ins Kopfkissen boxen und Decke wegtreten auf und knipse entnervt das Radio an.

Böser Fehler.

Meine schlaftrunkenen Sinneszellen werden von zum Bersten fröhlichen Moderatoren attackiert, die allesamt so klingen, als hätten sie heute morgen in Red Bull gebadet. Vielleicht hängen die in ihren Studios auch alle am Tropf und bekommen intravenös Prozac eingeflößt – diese sogenannte „Morgensendung" klingt jedenfalls wie ein Manikertreffen auf der Akut-Station.

Gute Laune morgens um sechs ist mir nicht geheuer. Und Leute, die um diese Uhrzeit versuchen, professionell sympathisch und beschwingt daherzukommen, sind mir ein Gräuel.

Gegen meinen ausdrücklichen Willen wird mir zwischenzeitlich Juliane Werding ins Gemüt geträufelt: „... sei nicht traurig, Susan. Es fängt alles erst an ..."

Was soll ich zwischen Tag und Tau mit solchen Betroffenheitstexten, die kryptisch daherkommen?

Warum ist Susan so traurig? Und ist der Hinweis, dass dies erst der Beginn sei, eine Tröstung oder ein Hohn? Ich lausche und strenge mich echt an, `ne 1a-Interpretation hinzulegen, aber dieser Text ...

Es folgt ein heiteres Interview zum Welt-Barbietag.

Barbie hat heute Geburtstag. Und den sollen wir heute alle feiern, meint der manische Moderator Mark aus Markoldendorf.

Nö.

Welt-Hupentag – da würd` ich ja noch mitfeiern ...

Dann wird es ruhig, ein Signal ertönt und ein Herr mit sonorer Stimme verliest ohne den Hauch einer Emotion neueste Meldungen.

Schön.

Beim Klang dieser angenehm unaufgeregten Stimmlage nicke ich wieder ein und sabbere selig aufs Kopfkissen ...

...

„... ist gerade bekannt geworden, dass es erneut zu einem Giftgasangriff gekommen ... viele Opfer unter der Zivilbevölkerung ... darunter viele Frauen und Kinder ..."

Allmächtiger! Mit schreckensweiten Augen fahre ich aus den Kissen. Was hat der gesagt? Krieg? Was? Wo? Hier und jetzt?

„Hällo ägäin, isch sag einfach hällo ägäin ..." säuselt Howy, während ich mir den Angstschweiß abwische.

Nun ist wieder diese Moderatorin dran, die klingt, als ob

sie in die dritte Kanne Kaffe noch weißes Pulver geschüttet hat – das weder Kaffeeweißer noch Zucker war. Sirenenhaft wirbt sie um Anrufer für das Niedersachsen-Quiz und ich denke noch: na, da wird sie ja wohl jetzt die Arschkarte gezogen haben – kein sturmumtoster und erdverwachsener Depp ruft morgens um halb sieb... ... da hat die schon den Ersten in der Leitung.

Der wird erstmal schonungslos mit hochnotpeinlichen, intimen Fragen attackiert:

„1.: Haben Sie schon gefrühstückt?
2.: Was machen Sie gerade?
3.: Was haben Sie denn heute so vor?"

Was würde diese Lachamsel wohl sagen, wenn der Anrufer „erhängen" antwortete? Oder: „Das geht dich einen Scheißdreck an! Ich ruf hier wegen der fuffzich Euronen an und du laberst mich hier voll, ey!"

Doch ein tumber Rentner aus Osterode im Harz antwortet devot:

„1.: Jaa, ein Toast, ein Ei, zwei Tassen Kaffee.
2.: Ich schmier mir gerade Haftcreme auf mein 28er.
3.: Heute Mittag gehe ich nach ALDI, da steht nämlich der Erbsensuppe-Wagen auf'm Parkplatz."

Während er dann zwanzig Fragen über Niedersachsen beantwortet, gehe ich lieber aufs Klo. Und da ich nun schon mal im Gekachelten sitze und alles Scheiße finde, kann ich auch gleich aufbleiben. Unfroh drehe ich den Hahn an der Dusche auf. Ich werde nicht professionell gepflegt, das kann ich mir nicht leisten, ich muss mich noch selber waschen. Während mir warmes Wasser aufs Haupt schwallt, kann ich nichts mehr hören. Nach zehn Minuten scheint mir mein Tagesanfang fast wieder perfekt – bis ich beim Abtrocknen mit dem Wetterbericht zwangsbeglückt werde.

Neiiiiiiiiin! Schon wieder Regen! Ich wollt`s gar nicht so

genau wissen. Danke – nun ist auch die Vorfreude auf den Nachmittag im Biergarten perdu.

Das Sahnehäubchen auf die morgendliche Beschallung ist dann das Wort zum Tagesanfang von Superintendent Ole Hansen aus Hannover: „Siehst du dort die alte Frau ...? Sieh doch mal genau hin ... Denk doch mal nach ... Sind wir nicht alle irgendwie ...?"

Danke – aber ich reformiere mich lieber selbst.

Indem ich das Absurde des Alltäglichen nicht so oft an mich heranlasse.

Nachwort

Wenn ich Diktatorin von Deutschland wäre – würde ich von Mitternacht bis morgens früh meditative Beruhigungsmusik im Volksempfänger befehlen.

Und das schöne, alte Schnauzehalten.

Frau Wolpertingers wunderbare Wohngemeinschaft

Prolog

Ich weiß, in meinem fortgeschrittenen Alter ist man entweder grenzdebil oder selber Schuld, wenn man trotz eines Kübelchens Lebenserfahrung wieder in eine Wohngemeinschaft zieht. Doch was sollte ich machen: ich war alt und brauchte das Geld – für andere Sachen als die Miete.

Inzwischen glaube ich aber, ursächlich ein ganz mieses Karma zu haben.

Mein Helfersyndrom war nach zwanzig Jahren Ehe und diversen Arbeitsjahren im therapeutischen Beruf nicht kleinzukriegen. Noch immer empfand ich reflexartig Empathie mit jeder Hausstaubmilbe, die rührend hilflos daherkam oder ihr Leben nicht auf die Reihe kriegte.

Für eine solche Abgrenzungs-Versagerin musste eine schicksalhafte Wendung zum Bösen her: das Universum versuchte es bei mir mal mit Scheidung und Arbeitslosigkeit.

Nun brauchte ich dringend eine Kammer für Meditation und Einkehr, um die Metamorphose von der Kümmerin zum Ichling ordentlich voranzutreiben zu können.

Gleich beim ersten Besichtigungstermin prophezeite mir die Maklerin, dass ich eines Tages in kalter Einsamkeit sterben würde, wenn ich darauf bestünde, als autistischer Single in einem dieser Wohnklos in den Hochhäusern am Stadtrand zu stranden.

Außerdem habe sie gerade kein Appartement in meiner Preisklasse (spottbillig, herabgesetzt, minderwertig) im Angebot. Währenddessen schloss sie ein Zimmer in dieser WG „für Pendler und Studenten" auf und schob mich hinein: „Vier Bewohner pro Etage, Frau, ... äh? Zwei Zimmer sind schon vermietet. Ganz nette, kultivierte, junge Leute: ein Lehramtsanwärter aus Stralsund und eine Rechtsreferendarin aus Berlin. Das wär` doch was für Sie, Frau ... äh?!"

Das Haus selber stellte sich als eine von polnischen Handwerkern bewohnte Baustelle heraus. Mit dem Lächeln einer Hyäne schwor mir die Maklerin beim St. Cautionius (Schutzheiliger der Makler und Gaukler), dass innerhalb von vier Wochen alles zu meinem Einzug bereit sein würde. Ich hätte näher darauf eingehen sollen, dass ich die polnischen Facharbeiter Lolek und Bolek aus den Augenwinkeln beobachtet hatte, wie sie sich bei dieser Aussage mehrere Male unauffällig bekreuzigten, bevor sie zur Wodka-Flasche griffen.

Die liederliche Außen- und Innenwirkung dieses Wohnhauses war dem niederländischen Hausbesitzer Willem van de Abzockjers zu verdanken, der sich mit null Investition und polnischen Tagelöhnern seine zahlreichen Altbauten abenteuerlich renovieren ließ, um sich anschließend mit Studenten-WGs eine goldene Nase zu verdienen.

Die Hochschule Rhein-Vaal hatte in unserer kleinen Spießer-Oase am Niederrhein angedockt und Theo witterte ein Riesen-Immobiliengeschäft.

Und wenn die verwöhnten Studi-Gören wegen der schäbigen Architektur die Nase rümpften, nahm er eben jeden, der ein Obdach suchte. Und das waren Leute wie du und ich: junge Männer, die gerade aus dem Knast kamen, mehr oder weniger legale Wanderarbeiter mit Migrationshintergrund, die unter Billiglohnniveau zu arbeiten bereit waren und eine kleine Handvoll Sozio- und Psychopathen, die nirgendwo anders unterkamen.

Willem van de Abzockjers war nämlich ein Menschenfreund. Er wollte nur das Allerbeste für uns: eine anregende Dramaturgie in unserem Wohnalltag!

Den muskulösesten und durchsetzungsfähigsten Langzeitarbeitslosen Armin ernannte er kurzerhand zum „Hausmeister" – mit dem Auftrag, bei Eskalationen mit sozialen Härtefällen, vollgekifften oder alkoholisierten Mietern, die gerne an Mitternacht zu wummernden Bushido-Klängen und unter infernalischem Gebrüll die Möblierung zerlegten, im durchlöcherten Schiesser-Feinripp und mit stählernem Muskelspiel für Ordnung zu sorgen. Auf Achim war tatsächlich Verlass. Der orderte per Handy polizeiliche Unterstützung, wie andere Leute den Pizza-Boten.

I. Maria und die Wellness-Oase

Als der gröbste Bauschutt entsorgt war und ich endlich in die WG einziehen konnte (Lolek und Bolek hatten am Tag zuvor noch mal eben die Wand aufgestemmt), hatten es sich meine beiden Mitbewohner Maria und Malte schon einige Wochen auf der Baustelle gemütlich gemacht.

Da sie an meinem Einzugstag an ihren Arbeitsstellen waren, konnte ich mir bei meinem ersten Besuch im Gemeinschafts-Bad in Ruhe ein Bild und Vorurteil von ihnen machen: In der Dusche herrschte auf der einen Seite die drangvolle Enge von ca. 30 Badeutensilien, die sich hinter- und übereinander stapelten. Zwischen kostenintensiven Tuben, Töpfchen und Tiegelchen einer einschlägigen Ich-bin-es-mir-wert-Kosmetik stach mir eine Flasche mit dem vollmundigen Versprechen „Volumenwunder" ins Auge.

Ich konstatierte, dass die Rechtsreferendarin trotz akademischer Ausbildung auf teure Werbeversprechen hereinfiel und das Rechtswesen vorzugsweise mit fluffigem statt plattem Haupthaar pflegen wollte.

Die andere Ecke der Nasszelle bestach durch karge Überschaubarkeit: Zahnbürste, Duschgel, Rasierschaum. Fertig. Aus die Maus. Mein lieber Nachbar aus dem Osten demonstrierte Unabhängigkeit vom Konsumterror des alten Klassenfeindes.

Ich gesellte mein bescheidenes Sortiment an Anti-Age-Produkten aus dem Drogeriemarkt meines Vertrauens an seine sozialistische Seite: Freundschaft! Und war somit gleichberechtigtes, aktives Senior-Mitglied der Wellness-Oase unserer kleinen WG.

Dachte ich.

Ich hatte nicht mit Maria gerechnet, die die Egomanen-Suite direkt neben dem Bad bewohnte. Sie verfügte über einen separaten Eingang – und damit über das Bad.

Am nächsten Morgen war mir der Zugang verwehrt, was beunruhigend war, denn im Bad befand sich die einzige Toilette auf der Etage.

Mme Rechtsreferendarin unterzog sich in einer nichtöffentlichen Sitzung ihrem morgendlichen Business-Ritual. In dieser Ausgiebigkeit kannte ich das bisher nur von zwängelnden Patienten aus der Psychiatrie.

Wie gerne hätte ich nur meine Notdurft verrichtet und dieser Hohepriesterin ritueller Wasserzeremonien sofort erleichtert und generös den Raum überlassen!

Das Mädchen schien sich einen feuchten Dreck um die Blasenprobleme älterer Damen da draußen zu kümmern und ließ drinnen fröhlich das Wasser rauschen.

Um mich abzulenken, pendelte ich zwischen meinem Zimmer und Bad hin und her, bis ich schließlich in gebeugter Oberschenkel-Klemme vor dem verriegelten Bad meinem Blasensprung entgegenwimmerte.

Unter der Folter des Wassergeplätschers hinter der Tür begann ich wild zu phantasieren:

Wasserrauschen: SPRITZ dir die Pulle „Volumen-Wunder" sonst wohin, du Luder!

Wasserrauschen: LECKST du da drinnen die Fliesen ab,

Bitch?

Wasserrauschen: KOMM jetzt raus, Miststück!

Stille: JAAA ...!

Stille: BITTE nicht noch einölen!

Stille: NICHT noch f ...!

Föhngeräusch: SCHEISSE, jetzt föhnt die tatsächlich noch!!!

Als sie mir endlich die dampfende, klitschnasse Tropfsteinhöhle überließ, schlitterte ich in höchster Not zum Klo, wobei ich mir fast den Oberschenkel-Hals brach.

Während ich völlig entkräftet dem Plätschern eines nicht endenwollenden Strahles lauschte, schwor ich bereits am ersten Tag: gegen diese Warmduscherin werde ich Klage beim Bundesgerichtshof einreichen!

Beim ersten Rudel-Kochen am Abend in der gemeinsamen Küche insistierte ich, deutlich gereizt, auf Absprachen – und einem Plan, in welcher Reihenfolge jeder von uns das Bad nutzen kann. Malte rührte stoisch in seinem Bio-Vollwert-Brei aus nachhaltigem Getreideanbau und referierte, dass er mehr auf themenzentrierte Interaktionen stehe und eher ein kognitiv-lerntheoretisches Konzept selbstregulierten Lernens bevorzuge.

Er selber müsse ja wenig bis gar nicht – er sei in seiner Studienzeit Teilnehmer an einem Survival-Training im Thüringer Wald gewesen ...

Ich atmete ein. Ich atmete aus.

Und entgegnete, dass er als Stehpinkler fein raus wäre. Ich hingegen sei einfach zu prüde, um mich im Frühtau alternativ ins Gebüsch vor dem Haus zu schlagen ...

Maria lauschte geheimnisvoll lächelnd unserem Disput, während sie versonnen drei Kartöffelchen und eine Möhre eine halbe Stunde unter fließendem Wasser wusch. Anschließend ließ sie die vier Erdfrüchte dann in einem 5l-

Topf ca. 45 Minuten köcheln. Dabei belehrte sie uns seelenruhig, dass das BGB unsere Primärverbindlichkeiten ausreichend regele – die Badnutzung am Morgen sei nur eine Sekundärverbindlichkeit – und sie sei da ungeheuer flexibel ...

Am nächsten Morgen sorgte sie wie Tags zuvor für mein demütigendes Beckenbodentraining, indem sie mich zu intensivstem Zusammenzurren einschlägiger Harnverhaltemuskeln weit über die Schmerzgrenze und den ‚point of no return' hinaus auszudehnen lehrte.

Nur meiner emotional gereiften Zurückhaltung, gepaart mit akademischer Beißhemmung, sprich: guten Erziehung, hatte sie es zu verdanken, dass ich ihr nicht an den nackten Hals sprang, um sie standesrechtlich zu meucheln.

Außerdem hatte ich nur noch ca. zwei Minuten Zeit, mich fit für den Tag zu machen.

Im Laufe der Zeit sollte sich noch herausstellen, dass Miss Volumenwunder an den Wochenenden, an denen ein Besuch bei ihrem niederländischen Mr. Lover-Lover geplant war, erst so richtig zur absoluten Höchstform auflief.

An diesen Tagen schlief sie sich erstmal so richtig satt – damit sie ausreichend gestärkt für ihre Wochenend-Zwängelei war.

Uns gab das wenigstens die reelle Chance für unsere hastig verrichteten menschlichen Bedürfnisse und Katzenwäschen.

Von 10 bis 13 Uhr wurde dann das Bad von Marie okkupiert und geduscht, bis sich die Kacheln von der Wand lösten.

Mit unverhohlener Bewunderung sah ich mittags Miss Volumenwunder hinterher, wie sie mit fluffigem, wehendem Haupthaar zum Bus nach Nijmegen entschwebte.

Ich habe keine Ahnung, was zuvor in unserem Bad geschah – selbst, wenn ich Waschen-Färben-Föhnen, Bein-Achsel-Intimrasur plus Augenbrauenzupfen und Schminken einkalkuliere, komme ich nie und nimmer auf geschlagene drei Stunden.

Alle Versuche, mit ihr über ihre Dauerbelagerung des Bades zu diskutieren, stießen auf die tauben Ohren eines Wasser-Junkies, der mich mit unschuldigem Bambiblick anschaute, mokierte, dass ich permanent so unentspannt reagiere, wenn sie aus dem Bad komme.

Und ich beschloss zähneknirschend, ihr heimlich eine Broschüre der anonymen Warmduscher & Badbesetzer unter der Türe durchzuschieben.

II. Die Prinzessin aus Bhutan und das Märchen vom griechischen Pleitegeier

Nachdem ich der dauerduschenden Maria zum Geburtstag eine Einladung der Anonymen Zwangserkrankten geschenkt hatte, zog sie schon bald zu ihrem holländischen Mr. Lover-Lover nach Nijmegen. Seitdem versinken die Niederlande vermutlich um 63,8% schneller, während unser deutsches Bad zum Wellness-Pinkeln nach Wunsch freigegeben wurde.

An Marias statt ließ eine junge Dame aus dem Land des Donnerdrachens, dem Königreich Bhutan, ihr Jugendzimmer von Mama und Papa und einem Hofstaat siebzehn engster Freunde hier einziehen.

Bei unserem Erstkontakt in der Küche studierte sie amüsiert unseren Putzplan und erklärte kichernd, dass sie das jüngste einer stattlichen Anzahl bhutanesischer Geschwister sei. Und eine so von ihrer Familie verwöhnte „Prinzessin", dass sie in ihrem 25jährigen Leben ÜBERHAUPT NOCH NIE kochen, geschweige denn JEMALS putzen musste.

Nachdem ich eine angemessene Weile schweigend in buddhistischem Mitgefühl verbracht hatte, beendete ich meine Achtsamkeitsmeditation.

„Du hattest also schwierige Lebensumstände zu meistern. Und dann noch diese schreckliche Nachricht, dass der 5. König von Bhutan inzwischen anderweitig liiert ist, nä?"

Das war noch sehr, sehr nett von mir.

Männliche WG-Bewohner wurden von mir nur feldwebelmäßig angeschnauzt:

„Schon bei der Truppe gedient?

Nein?

Soziales Jahr?

Auch nicht?

Dann nimm mal gefälligst die Hacken zusammen und Haltung an, junger Mann!

Was sagt der Berufsjugendliche, wenn er einer erwachsenen Frau wie mir gegenübersteht: NICHT die Mama! NICHT die Mama! NICHT die Mama!

Noch Fragen?

Nicht?

Dann weggetreten!"

Da ich schon hauptberuflich Praktikant/Innen in Aktivitäten des täglichen Lebens anleiten musste, hatte ich mir geschworen, die verwöhnte und verzogene Brut fremder Leute in unserer WG so lange zu drangsalieren, bis ihre sozialen Kompetenzen zum eigenhändigen Schmieren eines Butterbrotes ausreichten, welches sie gefälligst mittels landesüblicher Tischsitten anständig zu sich zu nehmen und sozialverträglich zu verdauen hatten.

An der Prinzessin aus Bhutan hatte ich schon deshalb nur eine kurze Freude. Ihr anstrengendes Studium der Kommunikationswissenschaften bestand hauptsächlich darin, früh morgens um 15 Uhr aufzustehen und dann pausenlos in drei Sprachen mit ihren siebzehn besten und einem unüberschaubaren Heer weiterer innigster Facebook-Freunde all over the world mehrsprachig zu kommunizieren und zu chatten, während sie multi-tasking-like alle notwendigen Tätigkeiten des täglichen Lebens wie: Pizza in den Ofen schieben, Zähneputzen oder Duschen simultan dazu verrichtete. Meine tumbe Anwesenheit schien sie dabei erheblich zu stören, daher wurde ich von der genervten Managerin mit Aufgaben betraut, die sie als unter ihrer Würde betrachtete.

Als Prinzessin wartete sie auf ein Wunder: dass Müll sich wie durch Zauberhand eigenständig in Papier, Glas, Plastik und Bio trennt, Mülleimer sich selbständig leeren, Putzmittel, Gewürze und Klorollen sich automatisch auffüllen und sämtliche Küchengeräte einschließlich Herd, Backofen und Mikrowelle sich selbsttätig reinigen würden.

Mein Bruttosozialglück schwand allerdings gegen Null, während sie märchenhaft faul war und ich diese niederen Verrichtungen, wie vormals Aschenputtel, für sie zu verrichten hatte. Aber leider kam kein anständiger Prinz vorbei, um mich dafür zur Belohnung zum Ball zu führen.

Stattdessen war sie das Partygirl unserer Etage. Die Prinzessin war nachtaktiv wie ein Vampir – gegen 24 wurde sie umtriebig.

Eines schönen Montagmorgens um Sieben, als die Welt für mich eigentlich noch in Ordnung sein sollte, fand ich die von einem ausgiebigen Kneipenbesuch zurückgekehrte Prinzessin halbnackt, leblos und in embryonaler Haltung auf dem frisch gewaschenen Badezimmer-Flockati hingestreckt. Nach einem anschließenden Check lebenswichtiger Körper-Funktionen konnte ich feststellen, dass Asiaten wirklich keinen Alkohol vertragen – die Prinzessin aus Bhutan war so hackendicht wie Gerda Immerbreit aus dem Milieu und goutierte meine gutgemeinten Versuche, sie von der Flauschmatte hoch und in ihr Zimmer zu wuchten, mit einschlägigen ‚fuck you!'s.

Mein Helfersyndrom nahm ihr das ordentlich übel, und nach zwei Tagen, als sie wieder einigermaßen nüchtern war, riet ich ihr, doch besser wieder ins Hotel Mama zu ziehen – da sei der Service sicher anstandslos und das Personal vielleicht auch ein wenig leidensfähiger. Von wegen Karma und so ...

Danach zog eine straßenköterblonde, griechische Lebedame mit deutschen Wurzeln samt ihrer räudigen Katze bei dem halbseidenen Herrn aus Turkmenistan eine Etage tiefer ein. Nachdem sie unserem Vermieter die Hucke vollgelabert hatte, dass sie wegen der griechischen Wirtschaftskrise nach Deutschland „geflüchtet" sei und nun ihren „kranken Bruder" in Deutschland vorübergehend versorgen wolle, ahnte ich schon, dass „vorübergehend" im Griechischen wohl eine etwas andere Bedeutung haben könnte.

Ihr Bruder, der übrigens einen ganz gesunden Eindruck machte – er hatte es immerhin in seinem jungen Leben bereits zu dreizehn Vorstrafen gebracht – folgte auf dem Fuß. Zusammen mit Bastian aus Leipzig und einem Psychotiker namens Gilbert begann dort unten ein munteres geschäftliches Treiben: von Autos über Drogen und Waffen konnte man dort unten alles bekommen – und auch mal eins aufs Maul, wenn man sich über den Krach beschwerte ...

Den mitternächtlichen Geräuschen aus dem Schlafzimmer der „Geschwister" nach zu urteilen, heirateten diese Griechen wohl auch gerne mal innerhalb der Familie. Ein halbes Jahr später verknüpften den „kranken Bruder" und seine Gespielin offensichtlich immer noch innigste Bande, die gerne mal in finalem Möbelzertrümmern und hysterischen, griechischen Kreischorgien endeten, und das blöde Katzenvieh hatte inzwischen im ganzen Haus seine Flöhe verteilt und Junge in unserem Schuhschrank bekommen.

Die einzige Beschäftigung, der die zierliche Hellenin nachweislich nachging, bestand darin, zu jeder Tages- und Nachtzeit andere Mieter – vorzugsweise Männer, im Haus zu „besuchen", um das „Hastemal-Spielchen" mit ihnen zu spielen. Und wenn sie sich unbeobachtet fühlte, erweiterte sie auch schon mal den Euro-Rettungsschirm dahingehend, dass sie sich selbst bediente und somit ihren Tagesbedarf an Lebensmitteln, Haushaltswaren und Deko deckte.

Eines Tages konnte sie die Messi-Wohnhöhle ihres Bruders wohl nicht mehr ertragen und klopfte energisch an meine Tür. Ehe ich mich versah, saß sie auf meinem Sofa, trank meinen Tee, aß meine Kekse und erzählte mir von ihrer „schlechten Kindheit", die sich dann aber „durch höhere Mächte" doch noch zum Guten gewendet hatte und sie bis zu den Weihen einer Reiki-Meisterin hatte aufsteigen lassen. Und nun wolle sie mit mir, die ich doch „auch was Therapeutisches" mache, gemeinsam ein Angel-Reiki-Seminar (oder: Reiki-Angel-Seminar???) in Griechenland veranstalten.

So plapperte sie abstrus daher, bis ich unser Plauderstündchen ganz untherapeutisch für beendet hielt und ihr mitteilte, dass ich irgendwie nicht so engelschwingungsfähig sei. Mitleidig seufzend sah sie abschließend auf mich herab und konstatierte, dass ich wohl noch nicht offen genug für das Gute sei – ob ich ihr dann wenigstens mal meinen Staubsauger, den Föhn und zwanzig Euro ausleihen könnte ...?

III. Das bayrische Dirndl, die Jungs aus Schafskäseland, der Herr Perser und ich

Kurz vor Weihnachten nutzten Malte und ich die kleine Verschnaufpause, in der zwei Zimmer unbewohnt waren, indem wir täglich Kuchen und Pizza in den Ofen schoben, um uns für das WG-Casting zu rüsten. Leider hatten wir kein Mitspracherecht in der Jury, die unsere WG-Mitbewohner auswählte. Das hatte nur Willem van de Abzockjers und die Maklerin: der eine interessierte sich nur für die Miete, die andere ausschließlich für ihre Provision.

Tagein, tagaus wurden zahlungswillige Kandidaten/Innen durch unsere Wohnstatt geführt – ohne sich auch nur einen Deut darum zu scheren, dass Malte und ich unsere „Appartements für Pendler und Studenten" noch bewohnten. Oder zu bewohnen versuchten.

So kam es immer wieder zu bizarren Situationen, wenn sie z.B. abends nach 20 Uhr mit einer Interessentin in die Küche stapften: "... Ja und hier sehen sie mal, was man aus einer Gemeinschaftsküche machen kann, wenn man ein klein wenig Sinn für Deko hat ...", und die Interessentin schaute unentschlossen von meinen selbstgemalten Bildern an der Wand zu Malte, der in karierten Unterhosen am Küchentisch saß und sich stoisch seinen Bio-Grießbrei reinkellte – direkt aus dem heißen Topf, den er auf die Niederrhein-Nachrichten vom Vortag gestellt hatte. Er hatte einen harten Prüfungstag hinter sich und daher keine Kraft mehr für einen Willkommensgruß.

Den bekamen sie dann von mir – allerdings gekreischt. Als sie ohne anzuklopfen ins Bad marschierten, in dem ich gerade den Kopf unterm Wasserhahn hatte, um meine Henna-Packung auszuwaschen.

Nach drei Tagen fühlten wir uns vorgeführt wie die Affen im Zoo. Deshalb malte ich auch ein großes Schild, das ich an die Küchentür hängte:

VORSICHT: FREILAUFENDE WG-BEWOHNER.
BITTE NICHT FÜTTERN!

Als Erste wurde uns eine Studentin aus Bayern angekündigt, die am Wochenende mit einer Gitarre unterm Arm ihren Einzug hielt: „Grüaßdi, i bin di Josie!"

„Ja, ja. Die Josie ... a ganz a Krrreative, die Josefine. Ganz was Begabtes. Und ganz was Besonderrres ...!" raunte mir die stolze Muddi aus München im Vorbeigehen zu und schob mich dann freundlich-bestimmt beiseite: „Ja sagt`s amal, wo is` denn dos Zimmer von der Josie? Habt`s ihr denn hier koan Hausmeister net, der wo mal feucht durchfeudelt hier, Herrschaftszeiten? Wo is` denn das G`lump zum Putzen? Die Josie  kann so net ihre schönen Sachen reinstell`n, in so einen Saustall!"

Das fand die beste Freundin von der Josie auch. Und der Papa. Und die neue Frau vom Papa.

Und man hielt erstmal Familienrat in der Küche. Dabei wollte man unter sich sein – weil ja auch noch die älteste Schwester von der Josie mit ihrem Mann käme.

Und es seien ja leider nur vier Stühle in der Küche – ob wir netterweise mal unsere Stühle ausleihen könnten? Klar schleppten wir die an, damit alle vom Josie-Clan Platz hatten. War ja nur vorübergehend, da zieht man sich doch gerne mal höflich zurück – und auf seinen Schreibtischstuhl kann man ja auch mal einen Abend verzichten.

Der Clan feierte Josies neue Bude bis in die frühen Morgenstunden, trank Wein und war bester Stimmung. Und Josie klampfte dazu auf ihrer Gitarre: Klink, klonk, zupf, schrammel: „I bün a bayrisches Ma-hadöl ...!"

Komisch – am nächsten Morgen waren sie alle noch da

und in Bad und Küche herrschte ein Betrieb, dass Malte generös auf sein Bio-Müsli verzichtete (wo hätte er auch sitzen sollen?) und ich auf meine Morgendusche (wo hätte ich im Bad auch stehen sollen? Zwischen den überall verstreuten Familienklamotten?)

Nach vier Tagen Dauerbesetzung und abendlichen Familienfeiern in unserer Küche, begleitet vom Dauergeschrammel auf der Gitarre, habe ich dann die dauerputzende und -kochende Muddi mal dezent beiseite genommen und bei einem Kaffee in UNSER ALLER Küche ausgefragt, wie lange der Clan denn noch gedenke ...

„Mein Ex-Mann und seine Frau können ja leider nur noch zwei Tage bleiben – aber ihre beste Freundin, die Miri und ich haben extra für die Josie Urlaub genommen!", strahlte mich die Muddi an. Josie, das arme Ding, sei doch von der ganzen Umzieherei VÖLLIG ÜBERFORDERT und ganz ihren Wurzeln (ihr!) entrissen, deshalb bleibe die Muddi NATÜRLICH so lange, bis ihre Josie sich hier eingelebt habe – so vierzehn Tage oder länger ..."

Das arme Ding saß unterdessen in ihrem vollständig vom Clan eingerichteten Zimmer und hatte bisher noch keinen Finger gekrümmt – außer dem, mit dem sie ununterbrochen auf ihrer Gitarre herumzupfte und elfengleiche Gesänge intonierte.

In den nächsten sieben Tagen war die esoterisch angehauchte Muddi damit beschäftigt, das schlechte Chi in unserer WG auszuräuchern.

Das hatte sie nämlich gleich festgestellt, dass hier mal ordentlich geweihräuchert werden müsse, bei so viel negativer Energie.

Dass sie eventuell mitverantwortlich für miese Stimmung bei uns sein könnte, darauf kam sie leider nicht.

Aber die Josie.

Nachdem ihr Paps und seine neue Ehefrau alle Möbel hochgeschleppt und aufgestellt hatten und die Muddi alles saubergemacht, für vier Wochen eingekocht und den Balkon bepflanzt hatte, wollte nun die Josie mit ihrer besten Freundin, der Miri, lieber alleine sein.

Malte und ich waren heilfroh, denn wir führten inzwischen in unseren Zimmern das Leben eines Maulwurfs, weil wir weder früh am Morgen noch am späten Abend Lust auf ein Spießrutenlaufen in der Küche hatten, wo uns zehn und mehr Augenpaare dabei beobachteten, wie wir uns ein Spiegelei in die Pfanne kloppten – wenn überhaupt eine da war, die nicht von Josies Muddi in Beschlag genommen wurde.

Am Morgen initiierte die Josie dann einen Streit, in dessen Verlauf bei der Muddi dicke Tränen kullerten und die Josie mit unseren Türen knallte. Und sich im Bad einschloss. Aus dem sie nur von der allerbesten Freundin, der Miri, herausgeklopft werden konnte.

Malte und ich sahen uns erschöpft an. So viel Drama waren wir nicht gewohnt. Und uns war kotzübel von den Weihrauchdämpfen, die ständig durch unsere Räume waberten.

Die Muddi packte tief gekränkt und in Windeseile ihre Sachen, und während noch das letzte Räucherstäbchen im Flur verglimmte, drückte sie mir die Hand: "... Die Miri ist halt so eine Nervöse. Achten sie doch bittschön darauf, dass die Josie auch regelmäßig isst, ja?", und entschwand Richtung München.

Und schon nach drei Monaten zog die Josie dann wieder aus – weil ihre fünfzehn besten Freunde und Studienkameraden, die statt des Clans nun täglich unsere Küche okkupierten, bei uns nicht soo gut ankamen. Malte versuchte es mit einfühlsamen, pädagogischen Einzelgesprächen, ich auf die harte Tour, Josies egozentrische Wahrnehmung auf die Wünsche und Bedürfnisse ihrer Mitbewohner zu lenken. Und bildeten somit eine feine Stellvertreter-Familie für unser Problemkind Josie, die an mir ihren pubertären Trotz abreagierte und Malte mit Komplimenten umschmeichelte wie vormals ihren Paps.

Malte und ich stritten uns am Küchentisch wie ein altes Ehepaar, während die Josie in ihrem Zimmer gerade eine Gitarren-Session mit zehn geladenen und diversen ungeladenen Gästen abhielt ...

Die beste Freundin Miri hatte dann die rettende Idee, mit der Josie zusammenzuziehen, und Malte und ich konnten aufatmend unseren anstrengenden Job als Ersatzeltern an den Nagel hängen.

***

Kurz vor Weihnachten hatte Malte sein Examen erfolgreich absolviert und zog aus. Er ließ mich allein in einer verwaisten WG zurück und ich ahnte, dass auch meine Zeit hier bald vorbei sein würde ...

Wie um meine diffusen Ahnungen in eine handfeste Absicht zu verwandeln, zogen am zweiten Weihnachtsfeiertag zwei bulgarische Studenten ein.

Das ist jetzt sehr freundlich formuliert.

In Wahrheit polterten Greorgi und Vassili wie eine Horde ausländischer Besatzer die Treppen herauf, dass die Kerzen an meinem Adventskranz flackerten. Eigentlich war mir nichts davon bekannt, welchen Krieg wir wieder verloren hatten, deshalb kapitulierte ich auch nicht sofort mit einer weißen Fahne. Das wiederum fanden wohl die Jungs aus Schafskäseland ziemlich aufmüpfig von mir. Als ich die fünf Herren in die Küche komplimentierte, um erstmal herauszufinden, ob es sich um den Tatbestand eines Einbruchs oder eines Einzuges handelte, folgten sie mir nur sehr widerwillig.

Und entweder waren sie keinen direkten Augen- und Sprechkontakt mit einer Frau mittleren Alters gewöhnt oder ich hatte es hier unvermittelt mit der bulgarischen Mafia zu tun: keiner sah mir in die Augen, und nur der Boss ließ sich dazu herab, mir herablassend zu antworten:

Er und sein Kumpel Vassili zögen heute hier ein und der Rest seien bulgarische Freunde auf Besuch ...

Allerdings hatten sie nichts außer zwei Reisetaschen dabei, was mein Misstrauen ihnen gegenüber nur geringfügig schmälerte.

Noch bevor ich es ihnen hätte anbieten können, benutzten und beschmutzten sie sämtliche Elektrogeräte, aßen mein Brot, benutzten mein Geschirr und nahmen alle Zimmer in Beschlag.

Meine stillen Tage christlicher Weihnacht waren vorüber. Ich konnte sie gerade noch davon abhalten, meine gebratene Weihnachtsgans aus dem Kühlschrank zu zerren und zu verspeisen.

Im Laufe der Zeit sollte sich herausstellen, dass sie nicht nur meinen Besitzstand als ihren betrachteten, sondern mich vor allem als kostenlose Putzfrau betrachteten.

Und beides konnte ich ganz und gar nicht leiden.

***

Deshalb war ich auch heilfroh, als nach den Weihnachtsfeiertagen der Herr Perser zu meiner Verstärkung anrückte. Ein moslemischer Mann im gereiften Alter – der würde mir hier sicher helfen, den Jungs aus Schafskäseland ein zivilisiertes WG-Leben und Respekt vor einer weiblichen Mitbewohnerin beizubringen.

Gegen die bulgarischen Studenten hatte der Herr aus dem Iran ein zurückhaltendes und kultiviertes Auftreten – und erklärte mir sogleich, dass er es sehr zu schätzen wisse, so eine liebreizende, kluge, deutsche Frau hier anzutreffen. Vor allem, weil ihn seine persische Frau gerade verlassen habe.

Auf die persische Frau sei nämlich heutzutage so gar kein Verlass mehr. Die erfänden einfach verleumderische Klagen gegen ihre netten Ehemänner, flüchteten sich in Frauenhäuser …

Es folgte unaufgefordert eine dramatische Geschichte. In der ein sympathischer, netter Mann von einer bösen, bösen Frau provoziert, ausgenutzt und verleumdet wurde. Ich war einmal mit einem moslemischen Mann verheiratet und weiß seitdem, was ich von orientalischen Erzählungen aus Tausendundeiner Nacht zu halten habe: „Mann" legt sich die Wirklichkeit gerne mal selbstgefällig so zurecht, dass „Mann" etwas vorteilhafter zur Geltung kommt …

Es war auch nicht so einfach, ihn richtig zu verstehen, denn obwohl er schon zehn Jahre in Deutschland lebte, hatte er ungefähr den Sprachschatz eines Fünfjährigen. Seinen persischen Namen konnte ich nicht aussprechen. Deshalb einigten wir uns auf „Herr Perser" und „Frau Gringo", das ging uns beiden einigermaßen gut von den Lippen.

Als ich ihm von meinen Schwierigkeiten mit den beiden Studenten aus Schafskäseland erzählte, verzog er verächtlich die Lippen: „Bulgarien? Äh, keine Kultur …! Und du bist Frau. Männer mussen auf Frau Rucksicht nehmen, nicht Frau auf Männer!"

Das gefiel mir.

Deshalb war ich ihm in den ersten Wochen auch gerne behilflich, Möbel für sein Zimmer auszusuchen.

Und schrieb ihm auch gerne ein paar Briefe an deutsche Behörden.

Und zeigte ihm, wo er am besten einkaufen konnte.

Und tolerierte, dass ich ständig von seinem Lärm geweckt wurde, wenn er nachts von der Arbeit kam und mit einem persischen Kumpel noch stundenlang duschte, kochte und palaverte.

Und erklärte ihm immer wieder, dass er bitte nicht ständig mein Geschirr, meine Gewürze, meine Lebensmittel ungefragt verbrauchen solle. Und übrigens auch mal mit dem Putzen dran sei ...

Und dankte freundlich, aber bestimmt, für die tägliche „Einladung", mit ihm zu essen: ich koche – er isst ...

Und lehnte bestimmt – und nicht mehr ganz so freundlich – in den nächsten Monaten jedes „Angebot des Tages" ab:

„Du mit mir schwimmen gehen!"

„Nein, das möchte ich nicht."

„Du mit mir in meine Auto nach ... x,y,z zusammen fahren!"

„Nein, danke, dafür kenne ich Sie zu wenig."

„Wenn ich kommen von die Arbeit, wir zusammen essen ...!"

„Vielen Dank, ich bin auf Diät."

„Ich dir kaufen Fahrrad, Regal, Schrank, etc. etc. etc.!"

„Auf gar keinen Fall."

„Du mit mir schapazieren gehen ...!"

„Nö, keine Lust."

„Du mit mir zusammen leben ..."

„Wie bitte?"

„Du nette Frau – ich allein, du allein ..."

Mist.

Ich hatte es nicht bemerkt, dass der Herr Perser in den Werbe-Wochen war.

Und ich war das Objekt seiner Begierde.

Sein Ticket für die deutsche Staatsbürgerschaft. Seine sexuell verfügbare Liebesdienerin. Seine Privatsekretärin. Seine Köchin. Seine Putzfrau ...

Nach einigen Wochen intensivster Belagerung lud ich ihn zu einem Tee in der Küche ein.

„Hören Sie zu, Herr Perser", begann ich freundlich.

„Ich lebe hier allein, weil ich das so beschlossen habe.

Ich suche keinen Mann – ich bin heilfroh, den Letzten via Scheidung glücklich entsorgt zu haben ...“

Herr Perser nickte.

„Ich suchen Frau. Isch warten auf disch. Ich nix bin Tiger ...“

„Hä?“

„Ich nix bin Tier, wo schmeißt sich auf Frau, will haben Sex!“

„Und ich bin nicht hier, um einsamen Herren hier im Haus den Feierabend zu versüßen, nä?“

Herr Perser nickte.

„Wenn du nix willst, dass isch komme in dein Zimmer nachts, isch kommen bei disch bei Tag ...“

Ich sah ein, dass unsere kleine Plauderei hier herzlich sinnlos war und verabschiedete mich endgültig von der dämlichen Vorstellung, von jungen sowie älteren Männern und Frauen nicht als „Betreutes Wohnen“, sondern als Mensch und gleichberechtigte Mitbewohnerin betrachtet zu werden.

***

Die Autorin

… wanderte nach erfolgreichem Abschluss von Kindheit, Jugend und Lehrzeit in einer südlichen Provinz Niedersachsens der Liebe wegen aus. Ihretwegen musste sie länger bleiben, als ihr lieb war, nämlich bis das Desaster eine offizielle Beendigung fand. In EnErW besuchte sie deshalb aus Langeweile und purer Verzweiflung diverse Abendschulen, bis sie im greisen Alter von 38 Jahren das Abitur absolvierte. Danach vagabundierte sie zwei Jahre an der Uni Düsseldorf und Fern-Uni Hagen – nebenbei jobbte sie als Städtische Angestellte. Sie engagierte sich dreizehn Jahre Vollzeit als Integrationsbeauftragte ihres ausländischen Ehemannes. Nachdem sie glücklich geschieden war, wurde es Zeit für eine Umschulung. Und für die Psychiatrie. Dort frönte sie viele Jahre ihrem Helfersyndrom – in dem Wahn, zum therapeutischen Personal zu gehören und irgendwann wegen guter Führung als geheilt entlassen zu werden. Und wenn sie nicht gestorben ist … lebt sie heute glücklich wieder in … Niedersachsen … genauer genommen in Einbeck.

Gesine Skoerat hat schon viel erlebt. Sie war tätig als Sekretärin im Handwerksbetrieb, Telefonistin, Verkäuferin, als Zahnarzthelferin, Ergotherapeutin. Auf dem zweiten Billdungsweg holte sie sämtliche Abschlüsse und Qualifikationen bis zum Abitur nach, die ihr in ihrer Jugendzeit verwehrt geblieben waren. Sie weiß, wovon sie schreibt, wenn sie die Schwächen menschlichen und anderweitigen Miteinanders von Mann und Frau aufs Korn nimmt und den Fallstricken weiblicher Rollenbestimmung ihrer Generation nachspürt. Immer mit einer gehörigen Portion Humor und einem zwinkernden Auge – beste Unterhaltung ist garantiert. Ihre skurril-komischen Geschichten sorgen für manchen Aha-Effekt und Erheiterung.

Drube, Yves / Rodríguez, Luduing

poesía del paraíso infernal

poemas y fotografía de la república dominicana

978-3-943292-05-3, chiliverlag 2013, EUR 11,90

Dieser wunderschöne Fotoband auf hochwertigem Papier dokumentiert eine andere **Dominikanische Republik**, als wir sie aus Touristenkatalogen kennen. **Yves Drube** inszeniert und zelebriert Menschen des täglichen Lebens in aussagekräftigen Szenerien und erhebt sie allesamt zum Mittelpunkt seiner Fotokunst. Diese zeigt trotz gesellschaftlicher Schattenseiten die innere und äußere Schönheit der dominkanischen Menschen und der Natur.

Luduing Rodríguez dichtet gegen Ungerechtigkeit, Ungleichbehandlung und Missachtung der Menschenwürde an. Seine eindringlichen und aufrührerischen Verse richten sich an u.a. an die dominkanische Frau und geben ihr Rückendeckung und Schützenhilfe im Bestreben nach sozialer Anerkennung. Gleichzeitig sind besonders seine Liebesgedichte von schlichter Schönheit und ergreifender Melancholie.

Das Sonett lebt!

Es spricht für das Sonett, dass selbst einige Musiker zu den Dichtern dieser Anthologie zählen. Mit einem Vorwort von Alex Dreppec und Coverfotos von Svenja Leopold. www.svenjamusic.de

Ein Wendebuch mit zwei Anfängen

Grimann, Adam / Röchter, Franziska

bis ans ende der zeiten. amen / sie ist ne domina

38 Farbbilder von Adam Grimann mit Texten vom Abschiednehmen und Weitermachen von Franziska Röchter

978-3-943292-06-0, chiliverlag 2013, EUR 13,90

Adam Grimann, www.grimann.de

Illustrationen: Günter Specht, www.spechtart.de

34 Autoren: seltsam, skurril, komisch, lustig, schräg!!!

ISBN 978-3-943292-03-9, chiliverlag 2013, EUR 12,90